Margit Kruse

Ruhrgebiet

Taubengurren und Kohlenhaufen

Geschichten & Anekdoten

Bildnachweis
Cover: ullstein bild-United Archives
Johannes Kruse: S. 11
Marlies Kellmann: S. 25
wikicommons/Frank Vincentz: S. 28
wikicommons/Rainer Knepper: S. 37
ullstein bild-Horowitz: S. 49
Sidonie Tews: S. 58
Dirk Wilhelm: S. 59
ullstein bild-Manfred Segerer: S. 66
ullstein bild-Klaus Rose: S. 78
Alle übrigen Fotos stammen von der Autorin.

Danksagung
Wir danken der Dressler Verlag GmbH, Unternehmen der Verlagsgruppe Oetinger Service GmbH für die Abdruckgenehmigung des Buchcovers „Das Eselchen Grisella“ auf S. 47.

1. Auflage 2023

Layout: Da Forma Agentur für Gestaltung, Gudensberg
Satz: Schneider Professionell Design, Schlüchtern-Elm
Druck: Rindt Druck, Fulda
Buchbinderische Verarbeitung: Buchbinderei S. R. Büge, Celle

34281 Gudensberg-Gleichen, Im Wiesental 1
Tel. 0 56 03 - 9 30 50 www.wartberg-verlag.de
ISBN 978-3-8313-3375-2

Inhalt

Vorwort

Erinnerungen! Als echtes Ruhrpottkind entführe ich Sie mit meinen Geschichten in die gute alte Zeit der 50er- bis 80er-Jahren des 20. Jahrhunderts. Doch waren sie wirklich so gut, diese Zeiten? Zumindest waren sie hoffnungs- und humorvoll, eine Zeit voller Erwartungen. In 12 Geschichten mit einem Schuss Selbstironie, einfach und klar, berichte ich Ihnen von kleinen und großen Erlebnissen: Das Leben in einer bescheidenen Wohnung einer typischen Zechensiedlung, unmögliche Nachbarn und nervige Verwandte – das kennen viele aus eigener Erfahrung. Erinnert wird aber auch an Wilhelm Lindemann aus Horst, der Mineralwasser und Limo produzierte, die Horli hieß und sehr beliebt war. Die Geschichten über eine echte Ruhrgebietskonfirmation oder ein Schülerpraktikum im St.-Marien-Hospital lassen Sie schmunzeln. Und sogar das damalige Hundeleben im Pott hat einen Platz in diesem Buch gefunden.
Ich wünsche Ihnen viel Spaß beim Lesen, Erinnern und Weitererzählen!

Margit Kruse

Als Fanta noch Horli hieß

Liane Niemeier, 75 Jahre alt und Witwe, wohnt in der Fischerstraße in Gelsenkirchen Horst in einer renovierten Altbauwohnung, in die sie vor 50 Jahren frisch vermählt mit ihrem Gatten Anton eingezogen ist. Damals befanden sich die Toiletten noch im Treppenhaus. Vom Küchenfenster im dritten Stock aus hat sie einen tollen Blick über den ganzen Stadtteil. Niemals würde sie hier wegziehen, das steht für die alte Dame fest, obwohl Horst nicht zu den attraktivsten Stadtteilen Gelsenkirchens zählt. Die Fischerstraße ist eine dunkle Straße mit nur wenig Baumbestand. Ein kleiner Garten gehört zur Wohnung und war Antons großer Stolz. Lianes ganze Familie wohnte seit Generationen in diesem Quartier, in dem sie auch aufgewachsen ist. Eine schöne Kindheit. Direkt gegenüber ihrem Wohnhaus befindet sich heute die Moschee. Sie lebt gern mit den türkischen Nachbarn zusammen, hat keine Probleme. Früher hatte sie dort ihren Arbeitsplatz, bei der Firma Lindemann. Sie musste nach der Heirat trotz Familie weiterarbeiten, als ihr Mann krankheitsbedingt zum Frührentner wurde. Nichts mehr mit Bergmann auf der Zeche Nordstern, die sie ebenfalls vom Fenster aus sehen kann.

Am 1. April 1919 gründete Wilhelm Lindemann in Gelsenkirchen-Horst einen Mineralbrunnen- und Biergroßvertrieb. Der Betrieb vergrößerte sich ständig. Im Jahre 1950 wurden die Söhne Lindemanns, Wilhelm und Johannes, gemeinsam zum Inhaber. Zunächst wurde das Wasser für die Produktion aus dem hauseigenen Brunnen auf der Fischerstraße entnommen. Später wurde dieser Brunnen geschlossen und das Wasser kam aus einer Quelle in Löhne, da es von besserer Qualität war. Daraus produzierte Lindemann Mineralwasser und später, in den

60er- und 70er-Jahren kam die Limo Horli dazu, die ein großer Renner wurde. Nicht nur Kinder tranken diese wohlschmeckende Limonade, auch Erwachsene waren begeistert von dem fruchtigen Etwas. In jeder Trinkhalle war Horli vertreten und wur-

de flaschenweise weggeschleppt. Dass jemand einen ganzen Kasten kaufte, war eher selten, man beschränkte sich auf zwei bis drei Flaschen.
Sehr schnell war Horli über Gelsenkirchen und das Ruhrgebiet hinaus bekannt und beliebt. So waren die Exportartikel der Ruhrgebietsstadt nicht nur Stahl und Kohle, sondern auch Mineralwasser und Co. Die ständige Ausweitung des Geschäftsumfanges erforderte laufend Hinzukäufe von Grundstücken. 1958 wurde ein Betrieb in Löhne angegliedert. Die beiden Betriebe verfügten über eine Grundfläche von 20.000 qm sowie einen umfangreichen Fahrzeugpark zum Transport der Getränke in ganz NRW.
In der dritten Generation sorgten die Söhne Willi und Hans-Dieter Lindemann in der Geschäftsführung für eine weitere Entwicklung des Unternehmens.
Nach dem Tod von Lindemann Senior begann ein Erbenstreit vom Allerfeinsten und die Firma stellte den Betrieb ein. Man munkelte, dass nicht der Streit schuld an der Firmenaufgabe war, sondern der Betrug eines Mitarbeiters. Fakt ist: Es ging ein Stück Horster Tradition verloren. Nicht zu vergessen die vielen Arbeitsplätze.
Horli war übrigens die Abkürzung für „Horster Limonade“. Die Flaschen sahen wunderschön aus und machten Lust auf ein Glas der eiskalten gelben Flüssigkeit. Das Horstoriabrunnen-Mineralwasser versprach eine gute Gesundheit, wenn man viel davon trinkt. Es wurde auf Riesenplakaten mit den Worten „Für die Gesundheit“ geworben. So schütteten sich ältere Frauen dieses Sprudelwasser literweise in den Hals und waren überzeugt, es helfe gegen ihre zahlreichen Krankheiten, wohingegen die Enkel natürlich die Horli-Limo bevorzugten. Die Mineralwasserproduktion wurde im Jahre 1984 vom Brohler Mineral- und Heilbrunnen übernommen.

Die heute grau gelockte Liane Niemeier arbeitete damals bei der Firma Lindemann in der Produktion. Sie stand an der Abfüllstraße und prüfte, ob alles seine Richtigkeit hatte. Außerdem war sie für die Reinigung der Mehrwegflaschen zuständig. Alles ging vollautomatisch. Die Etikettierung folgte nach dem Befüllen. Nach wenigen Jahren wurde sie zur Vorarbeiterin ernannt. Nachts träumte sie öfters von den klappernden Flaschen, die an ihr vorbeirappelten.

Als die Firma Lindemann von Brohler übernommen wurde, bewahrheitete sich der Slogan „Brohler und du fühlst dich wohler“ für Liane leider nicht. Bis zum endgültigen Aus für die Firma, die für sie so schnell erreichbar war, war sie zwar dort beschäftigt, aber es war nicht mehr wie bei der Firma Lindemann. Viele Kolleginnen waren fort, neue Mitarbeiter wurden nicht eingestellt. So wechselte sie bis zur Rente zu einer ortsansässigen Reinigungsfirma und träumte weiter von Horli.

Oft sitzt sie in Gedanken versunken in ihrem TV-Sessel und blättert in Fotoalben, muss schmunzeln, wenn sie ihre Kinder und Enkel auf den Bildern sieht, wie sie bei ihr am Tisch sitzen und mit leuchtenden Augen die leckere Limo aus einfachen Senfgläsern trinken. In ihrer Wohnung hängen die alten Werbeplakate, von denen sie sich nicht trennen kann. Die Plakate sah man damals auch in sämtlichen Gaststätten der Umgebung, in denen Horli im Ausschank war. Wehmütig klappt sie das Album zu und legt es zur Seite. Vorbei ist vorbei, sagte sie sich und gießt sich ein Glas Fanta ein. Horli schmeckte besser!

Du schwarzer Zigeuner

Lydia verließ die Wohnung in der Alleestraße, warf einen Blick auf ihre Uhr und lief die Straße hinunter in Richtung Cranger Straße zur Haltestelle der Straßenbahn. Als sie das Haus passierte, in dem Paul wohnte, begann ihr Herz fester zu klopfen. Sie blickte zu seinem Fenster hinauf. Sieben Uhr. Er war bei der Arbeit. Frühschicht, die um sechs Uhr begann. Mit dem Vespa-Roller bis nach Bochum zum Opelwerk war kein Vergnügen. Eine gute Partie? Leider katholisch. Ihre Mutter war der Spitzenreiter in der Siedlung, was Kirchenbesuche betraf. Keinen evangelischen Gottesdienst und keine Gebetsstunde ließ sie aus.
Deshalb hatte sie ihren Eltern auch noch nichts von ihm erzählt. Sie liebte Paul, seine witzige Art, sein charmantes Lächeln, die Ruhe, die er ausstrahlte. Vor allem jedoch sein Aussehen, seine dunklen Locken, sein ebenmäßiges Gesicht, seinen schönen Mund.

Mit einem Lächeln auf den Lippen bestieg Lydia die Straßenbahn, die sie nach Buer bringen würde, in die Nähfabrik, in der sie beschäftigt war. Die Bekleidungsindustrie in Gelsenkirchen entwickelte sich in den 1950er-Jahren zum fünften Standbein neben Kohle, Eisen, Glas und Chemie. Da der Industriezweig stark florierte, entstanden etliche neue Produktionszentren in der Stadt. Am Nordring in Buer errichteten Firmen wie Napiralla & Sohn, Witschel & Markmann, Roemisch & Sohn und Wilken große Produktionsgebäude, in denen auch Lydia beschäftigt war.

Näherin im Akkord, anstrengend, jedoch gut bezahlt. Den ganzen Tag nähte sie Kragen an Blusen. Bezahlt wurde sie nach Stückzahl. 157 Mark hatte sie letzten Monat nach Hause gebracht, 50 davon bekamen die Eltern als Kostgeld. Oft träumte

sie von den Kragen, die sie bearbeitete, spürte sie um ihren Hals, wie sie auf ihren Kehlkopf drückten und ihr die Luft zum Atmen nahmen. Schweißgebadet wachte sie dann auf.
Ihre ältere Schwester war seit drei Jahren verheiratet. Mit dem Tag der Eheschließung hatte sie ihre Stelle in der Nähfabrik aufgegeben und war seither nur noch Hausfrau.
Lydia schaute aus dem Fenster der ratternden Straßenbahn und dachte an den Abend, an dem sie Paul kennengelernt hatte. Tanz im Haus Chemnitz in Resse. Heimlich war Lydia dort gewesen, mit Rita. Wie hatte sie sich beeilt, um pünktlich fertig zu sein. Samstags musste sie ihrer Mutter im Haushalt helfen. Großkampftag: Ofen putzen, Zimmer wischen, Treppenhaus reinigen und irgendwelche Näharbeiten ausführen.
Ein rotes Kleid trug sie. Selbst genäht. Wunderschön. Es brachte ihre schlanke Figur gut zur Geltung. Gegen 18 Uhr schnappte sie sich ihren Geigenkasten und machte sich auf den Weg über die Middelicher Straße nach Resse.
Skeptisch hatte die Mutter geschaut. Niemals hätte sie Lydia erlaubt zum Tanzen zu gehen. Dann auch noch in so ein Bumslokal, wie die Mutter die Gaststätte nannte.
Die Geige schob Lydia tief unter einen ausladenden Fliederbusch, direkt neben dem Lokal. Rita lachte. Dann auf in die Höhle des Löwen. Sie durchschritten den sperrigen Vorhang und standen in verräucherter Luft mitten im Geschehen. An Theke und Tischen tummelten sich junge Leute, tranken, unterhielten sich und lachten. In den Nischen saßen die Verliebten. Auf der Tanzfläche drehten bei flackerndem Licht Tanzwütige ihre Runden, dass die Petticoats der Damen hochflogen. Auch sie hatte Musik im Blut.
„Du schwarzer Zigeuner“, klang es aus den Lautsprechern der Musikanlage. „Heut’ kann ich nicht schlafen geh’n. Heut’ find’

Lydia, links unten im Bild, musizierte schon immer gerne.

ich keine Ruh'. Ich will Tanz und Lichterglanz und Musik dazu", schallerte Vico Torriani.

Und dann kam er. Ein Traum von einem Mann forderte sie zum Tanz auf. Wie gut er tanzen konnte. Bei Zarah Leanders „Ich weiß, es wird einmal ein Wunder gescheh'n" kamen sie sich ganz nah und Lydia wusste, dass das Wunder soeben geschehen war.

Wenig später standen sie draußen vor dem Lokal. Die laue Sommernacht tat ein Übriges. Es wurde ein unvergesslicher Abend. Paul hob sie hoch, setzte sie auf den Sitz seines hellblauen Vespa-Rollers und küsste sie. Sie lachten, als sie feststellten, dass sie nur drei Häuser auseinander wohnten, quasi fast Tür an Tür, Sandkasten an Sandkasten, in der Zechensiedlung, in der sie aufgewachsen waren.

Am nächsten Morgen kam das böse Erwachen. Sie saßen in den Cocktailsesseln an dem blankpolierten Nierentisch, ihr Vater und die Mutter.

Der Gesichtsausdruck der Mutter drückte echtes Leiden aus. „Wo warst du?", fragte sie.

„Weißt du doch, bei Rita, wir haben Geige geübt." Lydia wurde heiß und kalt. Die Geige! Sie lag noch im Gebüsch neben dem Lokal.
„Wann bist du nach Hause gekommen? 22 Uhr war ausgemacht." Die Mundwinkel der Mutter sackten noch einen weiteren Zentimeter ab.
Ausgemacht? Sie hatte es befohlen.
„Ja?", fragte Lydia nur gleichgültig und dachte unentwegt an Paul. Bald wurde sie 21 Jahre alt und war somit volljährig.
„Es war viel später und schon dunkel." Die Mutter zog die Augenbrauen hoch.
„Kann sein", meinte Lydia.
„Viel zu gefährlich im Dunkeln zu Fuß über die Chaussee", klagte die Mutter an.
Nicht mit dem Vespa-Roller, wollte Lydia sagen, schwieg jedoch lieber. Sie hatte sich ein Tuch um ihr Haar gebunden und sich ganz fest an Paul geklammert, gestern, während der Fahrt nach Hause.
„Geh doch mal mit Alwin aus. Der hat ein Auto. Da kommst du sicher nach Hause", meinte nun der Vater sich zu Wort melden zu müssen.
„Nein, danke."
Sie waren nett, die Eltern von Paul. Die Wohnung vorzeigbar, wenn auch nicht so puppenstubenhaft eingerichtet wie ihr Zuhause. Der Haushalt ihrer Mutter war ein Vorzeigeobjekt in der Siedlung. Dafür putzte sie auch rund um die Uhr und machte so manches Mal der ganzen Familie das Leben zur Hölle. Bei Paul roch es nach Gemütlichkeit und nicht so streng nach Dompfaff-Bohnerwachs wie in der Wohnküche daheim. Was hatte ihr ihre Freundin Rita neulich geraten? Bevor sie zum Tanzen gehen würde, wäre es angebracht, sich einen Tropfen Bohnerwachs hinter die Ohrläppchen zu streichen. Das würde ihre Chance, einen guten Mann zu finden, rapide erhöhen, hätte sie

in dem Buch „Die kluge Hausfrau“ gelesen. Der Geruch würde den Mann an ein geputztes Zuhause erinnern und sie als gute Hausfrau dastehen lassen. Nein danke, hatte Lydia protestiert. Sie wollte für einen Mann kein Heimchen am Herd sein, dessen Fähigkeiten sich nur aufs Putzen beschränkten. Damit könnte sie Paul nicht beeindrucken, war sie sich sicher.

„War es schön in Haltern?“, wollte die Paul-Mutti wissen. Ihre mittelblonden Haare hatte ein Friseur in Form gebracht, eigens um die Schwiegertochter in spe zu beeindrucken.

„Ja, es war herrlich. Wir sind mit dem Fahrgastschiff Möwe über den See gefahren und haben anschließend auf der Terrasse am Seehof gesessen.“ Nicht nur das, erinnerte sich Lydia. Später sind sie durch die Westruper Heide gewandert, hatten sich auf eine Bank gesetzt, sich geküsst und Zukunftspläne geschmiedet. Zwei weitere Samstage hatten sie im Haus Chemnitz verbracht und zu Liedern wie „Du schwarzer Zigeuner“ getanzt. Aufregend war es gewesen.

Lydia und ihre Eltern.

Nachdem Lydia den Kuchen verschmäht hatte, wurde sie genötigt Brote mit Käse und Wurst einschließlich Gürkchen zu verspeisen. Paul hatte ein gutes Verhältnis zu seinen Eltern und seinem Bruder. Ein Muttersöhnchen war er allerdings nicht.
Der Vater zündete sich eine Zigarre an und blies den Rauch in den Raum. „Dein Vater ist auf der Zeche Graf Bismarck, näh?", wollte Pauls Vater wissen.
Lydia nickte nur. Sie wollte nicht über die Eltern sprechen, womöglich Fragen beantworten müssen, die ihre Konfession betrafen. Sicherlich wusste jeder in der Siedlung über die ausgeprägte Gläubigkeit der Mutter Bescheid.
„Wann lerne ich deine Eltern kennen? Nach fast vier Wochen wird es langsam Zeit, findest du nicht?" Zärtlich zog Paul Lydia an sich.
„Ich muss es meiner Mutter schonend beibringen!"
„Was? Dass wir zusammen sind? Oder dass ich katholisch bin? Das ist doch egal, ob nun evangelisch oder katholisch. Oder hat deine Mutter so veraltete Ansichten?"
„Nein, nein, natürlich nicht. Sie ist herzkrank und ich muss vorsichtig sein." Lydia wand sich wie ein Aal, gab ihm einen flüchtigen Kuss und war auch schon verschwunden.
„Du hast in der nächsten Woche Geburtstag. Ich betrachte mich als eingeladen", rief er ihr hinterher. Lydia bekam Schweißausbrüche, während sie eiligen Schrittes nach Hause lief.

2. Juli 1954. Lydias 21. Geburtstag.
„Ach wie schnell doch die Zeit vergeht … vor gar nicht langer Zeit war Lydia noch ein kleines Mädchen … nun schon eine Frau … heiratsfähig … gibt es da vielleicht schon jemanden?" Tante Gift-verspritz-Guste biss in ihre Bockwurst, aß schmatzend Kartoffelsalat dazu, während sie Lydia abwartend anstarrte.
Lydia sah bezaubernd aus. Blau gestreiftes eng tailliertes Kleid,

die Haare am Morgen frisch auf Lockenwickler gedreht, strahlende Augen, dank nächtlichem Auflegen von gebrauchten Teebeuteln.
„Ja, sie hat einen Freund, macht allerdings ein Geheimnis daraus. Ich dachte ja, sie würde ihn heute zu ihrem Ehrentag einladen. Doch sie versteckt ihn vor uns.“ Lydias Mutter verzog spöttisch den Mund.
„Lass sie doch, sie wird schon wissen, was sie tut“, sprach der ältere Bruder, wohl aus Erfahrung. Bis seine Angetraute, die fein zurechtgemacht neben ihm saß, von der Mutter akzeptiert wurde, hatte es gedauert.
„Ist es einer aus der Gemeinde?“, wollte die große Schwester wissen, die mit Mann an ihrer Seite und Baby auf dem Schoß an der Tafel hockte.
„Ja, natürlich ist es einer aus der Gemeinde“, wollte Lydia losplatzen, „doch leider aus der falschen“. Das hätte Lydia gerade noch gefehlt, den neugierigen Verwandten von Paul zu erzählen. Paul, der traurig zu Hause saß und dem es gar nicht passte, nicht dabei sein zu dürfen.
Morgen! Morgen würde sie in aller Ruhe mit der Mutter reden. Paul wird ihr gefallen, da war sie sich sicher.
Lydia durchschritt das Gewölbe des imposanten Wohnturms – das Wahrzeichen der Zechensiedlung – und knöpfte ihren Mantel hoch zu. Der Schirm konnte nicht verhindern, dass sie unten herum ganz nass wurde und der Regen bereits aus ihren Schuhen schwappte. So ein Unwetter, mit Dauerregen und Sturm, und das im Sommer. Als sie endlich die Wohnung erreicht hatte, ahnte sie bereits im Treppenhaus, dass irgendetwas nicht stimmte. Sie schloss die Tür auf und legte in der Diele erst einmal die nassen Sachen ab. Der Vater kam ihr mit vorwurfsvollem Blick entgegen.
„Mutti ist krank. Der Arzt war vorhin da. Herzanfall.“
Lydia erschrak und ging trotz Vaters Protest durch ins Schlaf-

zimmer. Da lag sie. Wie das Leiden Christi stöhnte sie vor sich hin. Nein, es war kein Mitleid, das Lydia verspürte, eher Wut, denn sie wusste, was gleich kommen würde.
„Mir geht es schlecht, Kind! Ganz schlecht“, flüsterte die Mutter mit hochrotem Kopf. Auf dem Nachttisch standen ein Wasserglas und ihre berühmten Frauengold-Tropfen, angeblich ein wahres Wundermittel.
„Hat der Doktor dir nichts Stärkeres verschrieben als diese dämlichen Tropfen?“
„Ruhe, ich brauche Ruhe, hat er gesagt. Ich hatte einen Herzanfall. Und nur, weil ich mich so furchtbar aufgeregt habe. Geahnt habe ich es ja schön länger. Margarete Urban hat heute Morgen meine Befürchtung bestätigt. Du treibst dich mit diesem Paul Wiescholllek herum. Der ist katholisch.“
„Na und? Was ist schlimm daran? Ist er deshalb ein schlechter Mensch? Wir lieben uns und wollen heiraten.“ So, nun war es heraus. Wäre ihre Mutter tatsächlich so schwer herzkrank gewesen, wie sie immer behauptete, hätte der Doktor sie längst ins Krankenhaus eingewiesen oder ihr zumindest ein ordentliches Medikament verschrieben, davon war sie überzeugt.
„Das wirst du nicht. Oder willst du, dass ich sterbe?“
Lydia zuckte nur mit den Schultern und verließ das elterliche Schlafzimmer, woraufhin ihre Mutter einen elenden Klagegesang anstimmte. Völlig verzweifelt stürzte der Vater in den Raum, um die Mutter zu trösten.
An diesem Abend ließ die Mutter sich nicht mehr blicken, dafür baute sie sich am nächsten Morgen vor Lydia auf, als diese am Frühstückstisch saß.
„Du wirst die Sache beenden. Ist das klar? Das bringt keinen Segen!“ Wie ein Dragoner stand sie da in ihrem rosafarbenen Stepp-Bademantel.

Flugs schlug sich der Vater auf die Seite seiner Frau, sprach gar Sätze wie „Solange du die Füße unter meinem Tisch stellst …". Auch nach drei Tagen strafte die Mutter, der es wieder ganz gut zu gehen schien, sie mit Verachtung, was der harmoniesüchtigen Lydia schwer zu schaffen machte.
Nein, so einfach würde Lydia sich den Abschied von Paul nicht machen. „Warum bist du so still?", hatte er sie bei einem Spaziergang durch den Stadtwald am Freitagabend gefragt. Sie sagte nichts, wischte sich jedoch verstohlen eine Träne aus dem Augenwinkel. „Lass uns morgen zum Tanzen gehen." Zärtlich schmiegte sie sich an Paul, während sie am Bootshaus auf einer Bank saßen.

„Du schwarzer Zigeuner, Du kennst meinen Schmerz
Und wenn Deine Geige weint, weint auch mein Herz
Spiel' mir das süße Lied aus gold'ner Zeit
Spiel' mir das alte Lied von Lieb' und Leid
Denn ich will vergessen ganz, was ich verlor
Du schwarzer Zigeuner, komm, spiel' mir ins Ohr"

Während sie mit Paul tanzte, schloss sie kurz die Augen und fuhr ihm mit der Hand durch seine dichten Locken. Wie gut er roch. Auf der Hinfahrt hatte sie es ihm erzählt. Von der herzkranken Mutter, die verlangte, dass sie Schluss mit ihm machte. Sie könne es nicht ertragen, ihre Tochter an einen Katholiken zu verlieren. Er müsse es verstehen.
„Wir könnten wegziehen, du bist jetzt volljährig", schlug Paul vor. Nein, hatte Lydia gesagt, da ruhe kein Segen drauf!
So wussten beide, dass es der letzte Tanz war, den sie tanzten. Er fuhr sie heim. Sie sprachen kein Wort, lagen sich in den Armen und weinten.
Lydia sah Paul nicht wieder.

Die Geige und der Umzug ins Paradies

Es war ein regnerischer Herbsttag, als der alte Lastwagen vor dem Haus in der Alleestraße in Buer hielt. Ich sah dieses Haus zum ersten Mal. Dieses Vier-Familien-Idyll im Fachwerkstil erbaut, in der Zechensiedlung im Schatten eines Wohnturms. Ich drückte Klaus, den mit etlichen Pflastern geflickten Teddybären, an mich, weil ich Angst verspürte. Ich war so vier, fünf Jahre alt. Die letzten drei Tage hatte ich bei meiner Oma in der Kronprinzenstraße verbracht, weil meine Eltern alle Hände voll damit zu tun hatten, in kurzer Zeit die neue Wohnung komplett zu renovieren. Fensterrahmen, Türen und Fußböden wurden gestrichen, die Wände tapeziert. Gardinen an den Fenstern gab es noch keine.
Mein Opa mütterlicherseits kam freudig auf uns zu. „Na, da woll'n wa ma", sprach er mit seiner dunklen Stimme, schob seine schwarze Prinz-Heinrich-Mütze, die er auf dem Kopf trug, zurück und half sofort beim Möbel-Ausladen.
Meine Oma nahm mich bei der Hand. „Komm mit zu uns. Ich habe Suppe gekocht. Hier bist du nur im Weg", sprach sie und schlug die andere Richtung ein. Knapp zweihundert Meter weiter hatten meine Großeltern ihr Zuhause. Das war überhaupt der ausschlaggebende Punkt für diesen Umzug gewesen. Meine Mutter wollte in der Nähe ihrer Eltern wohnen und war überglücklich. Im Moment sah sie allerdings eher verzweifelt aus. Mit einem roten Kopftuch auf dem Kopf stand sie da und schaute meinen beiden Onkeln beim Möbel-Abladen zu, ihren Geigenkasten fest an sich gedrückt. Die Geige war ihr ganzer Stolz und sie hatte sie während der Fahrt nicht aus der Hand gegeben.
„Gib Manfred die olle Kiste, der bringt sie in den Keller", bestimmte mein Vater.

„Aber …“, wollte meine Mutter protestieren, ließ es jedoch und gab mit Tränen in den Augen den Geigenkasten an meinen Onkel weiter. Sie wollte meinen ohnehin am Rad drehenden Vater nicht zusätzlich reizen. Sehnsüchtig schaute sie dem Kasten hinterher. Sollte dieser wirklich in den feuchten, unbeleuchteten Keller? Oft hatte meine Mutter mir abends, wenn ich im Bett lag, von ihrer Geige erzählt, die sie sich mühsam von ihrem kargen Lohn als Näherin zusammengespart hatte. Und wie glücklich sie gewesen war, als sie endlich die Geige in den Händen gehalten hatte. Es handelte sich um eine Orchestergeige, die ein „Antonius Stradivarius“-Etikett trug. Als ich meine Finger in die zierlichen F-Löcher stecken wollte, schaute mich meine Mutter warnend an.
„Spiel doch mal was“, bat ich sie, nahm den Geigenbogen aus dem Kasten und schwang ihn umher. Aber sie verneinte und nahm mir den Bogen aus der Hand. Sie hätte so viele Jahre nicht mehr gespielt, erwiderte sie traurig. Einmal erzählte sie mir von den unzähligen Geigenproben und welch einen Spaß ihr die gemacht hätten. Es war das einzige Hobby meiner Mutter gewesen. Außer im Akkord in einer Nähfabrik zu arbeiten, nähte sie abends und am Wochenende zu Hause Kleider für ihre jüngeren Schwestern. Meine Mutter hatte es trotzdem geschafft, in einem Orchester mitzuspielen.
Mit glühenden Wangen erfuhr ich, wie es bei einem Konzert zuging. Das Kleid für ihr erstes Konzert, aus weinrotem Samt, hatte sich meine Mutter selbst genäht. Ihre Karriere als Geigensolistin fand ein jähes Ende, als sie meinen Vater ehelichte. Darüber, ihre Arbeit sofort aufgeben zu müssen, war sie nicht sehr traurig, denn das war damals so. Mit der Heirat endete die Selbstständig- und Berufstätigkeit einer Frau und sie war nur noch für den Mann und die Kinder da, die irgendwann geboren

wurden. Hart traf es meine Mutter, nicht mehr zur Geigenprobe gehen zu dürfen. Somit fielen auch die Konzerte flach. Meine Mutter hat sich nie damit abgefunden, dass mein Vater nun die erste Geige spielte.

Jedenfalls machte sie einen Freudensprung, als in der Siedlung, in der sie aufgewachsen war, eine Wohnung frei wurde. Neubau

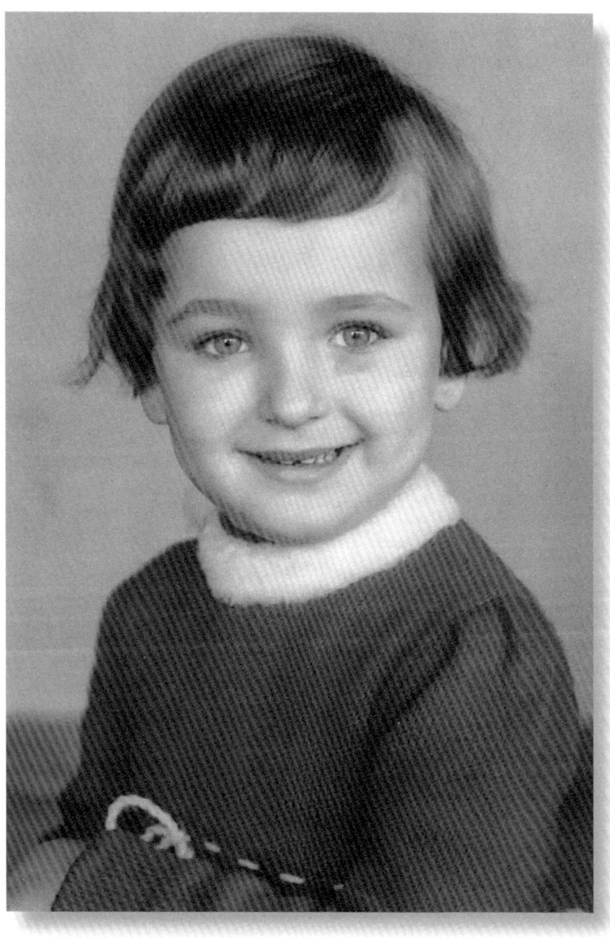

Glückliches Ruhrpottkind.

gegen Altbau, was machte das schon? Wir bewohnten in einem Vierfamilienhaus eine Dreizimmerwohnung mit Kohleofen. Diese Zechensiedlung gehörte zu den schönsten Bergbausiedlungen im Revier. Von 1910 bis 1913 wurde sie im fränkischen Baustil für die Arbeiter der Zeche Graf Bismarck, auf der mein Vater als Schießmeister unter Tage beschäftigt war, errichtet.

Als meine Oma mich gegen Abend nach Hause brachte, sah es in der neuen Wohnung chaotisch aus. Es roch nach Farbe und Kleister. In der Küche saßen alle am großen Tisch und löffelten Erbsensuppe, die meine andere Oma mit meinem Onkel angeschleppt hatte. Mein Vater starrte in den Teller und sagte kein Wort. Meine Mutter schwieg ebenfalls. Ob es denn schön gewesen sei bei der Oma, wollten meine Tanten wissen.

„Nein, war es nicht. Da darf ich ja nie was machen. Bei der anderen Oma ist es viel besser. Da darf ich machen, was ich will", antwortete ich wahrheitsgemäß und erntete betretenes Schweigen. Die Einzigen, die redeten, waren meine Onkel und der Opa, dem man als Dank für seine Hilfe einen Klaren eingeschüttet hatte. Mein Vater ließ ihn sein dummes Zeug reden. Tauben und Zeche, mehr hatte er nicht in seinem Repertoire. Zum zigsten Male musste ich mir anhören, welche Unglücke auf der Zeche er überlebt hätte. Damals, als der Förderkorb abstürzte, oder die Schlagwetterexplosion und – nicht zu vergessen – der Grubenbrand. Ich konnte es nicht mehr hören. Nun war er schon zwei Jahre in Rente und laberte sich nach wie vor das Zechenleben schön. Seinem Reden nach hatte er die Jahresmenge von 2,5 Millionen Tonnen Steinkohle auf der Zeche Graf Bismarck ganz alleine zutage gefördert. Aber wie war das möglich? War mein Vater nicht schon der absolute Spitzenmann auf der Zeche? Wenn er mit schwarzumränderten Augen nach der harten Schicht am Küchentisch saß und aß, musste ich mir anhören, was für ein Held er war. Ein Held zwischen einem Haufen von Versagern, für die er mitdenken musste. Manchmal presste ich mir die Hände auf die Ohren. Oft kribbelte mein Löffel in der Hand bei seinen wüsten Erzählungen, sodass ich ihm am liebsten eins damit auf den Kopf gegeben hätte.

Mir fiel die Sache mit der Stopfnadel ein, die noch keine zwei Wochen her war. Mein Vater hatte frei, lag mit seinen beigefarbenen Shorts und dem karierten Hemd auf dem Sofa und sägte einen ganzen Wald ab. Ich saß am Tisch und spielte mit Knetgummi Metzgerei. Meine Mutter war im Keller. Waschtag! Boah, dieses Geschnarche. Schlimm genug, dass ich des Öfteren in der Nacht davon wach wurde – jetzt schnarchte er auch noch am Tag. Er lag im Urlaub herum und schnarchte. Ich zog die Küchenschublade auf und schaute hinein. Ja, was suchte ich eigentlich? Ich entdeckte das Nähkästchen meiner Mutter und klappte es neugierig auf. In einem Samtkissen steckten Nadeln in verschiedenen Größen. Bisher durfte ich nie damit spielen, ewig kam der Spruch: „Messer, Schere, Feuer, Licht ist für Kinderhände nicht.“ Zählten Nadeln dazu? Ich nahm die dickste heraus. Meine Mutter stopfte damit Socken. Ich griff nach unserer Fußbank und setzte mich vor die Couch, um meinen Vater zu beobachten, der auf der Seite lag, mit dem Gesicht zur Wand, und schlief. Öfters hielt er beim Schnarchen inne, um doppelt so laut damit fortzufahren. Wie ätzend. Ich bestaunte seine behaarten Beine. Plötzlich hörte ich eine innere Stimme, die mir sagte: „Los, mach schon, steche ihm ins Bein!“ So führte ich die Nadel an seine Wade und stach zu, bis nur das Ende herausschaute. Wie eine Furie sprang mein Vater schreiend auf. Ich fiel von der Fußbank, erschrak fast mehr als er und verkroch mich mit klopfendem Herzen in einer Zimmerecke, die Hände schützend vor mein Gesicht. So flink habe ich ihn noch nie durchs Zimmer

hüpfen sehen, bis er endlich die Nadel aus der Wade gezogen hatte. Sein Gesicht war wutverzerrt, die Zähne kamen mir riesengroß vor. Er beschimpfte mich mit üblen Worten, schlug mich jedoch nicht. Ich stand unter Schock und war gestraft genug.
Nun schaufelte er sich gerade einen Löffel voll Suppe in den Mund und schaute mich an. „Dein Bett steht schon. Kannst also gleich schlafen gehen."
„Ich will aber noch nicht ins Bett. Wo ist übrigens die Geige?"
Ich rannte ins Schlafzimmer und schaute nach oben auf den Schrank. Kein Geigenkasten zu sehen. War sie tatsächlich im Keller gelandet?
Wütend stapfte ich wieder in die Küche und baute mich vor meinem Vater auf.
„Warum nur? Warum musste die Geige in den Keller? Wo Mutti doch so daran hängt?"
„Ab ins Bett, habe ich gesagt." Aus großen Augen starrte er mich an. Sein wütender Blick sprach Bände. Meine Mutter nahm mich an die Hand und ging mit mir ins Schlafzimmer.
„Papa ist müde", meinte sie sich für ihn entschuldigen zu müssen.
„Als ihr noch in der Kronprinzenstraße bei der Oma gewohnt habt, durfte sein Fahrrad sogar mit ins Schlafzimmer. Hat er doch selbst erzählt."
„Das war was anderes. Das Fahrrad durfte nicht gestohlen werden. Zu der Wohnung gab es keinen Keller und Papa brauchte das Rad, um zur Arbeit zu kommen."
„Und die Geige war teuer", hielt ich dagegen.
„Lass gut sein", sprach meine Mutter leise und zog meinen Schlafanzug aus einem Karton.
Nichts hielt mich in der Wohnung. Ich wurde fast wahnsinnig, wenn ich im Sommer abends vom Bett aus durchs geöffnete

Fenster die größeren Kinder draußen lachen hörte. Im Halbschlaf nahm ich das Gurren der Tauben auf den tief gezogenen Dächern wahr und sehnte mich danach, jetzt noch draußen spielen zu können.

Die Kindergartenzeit ging vorbei und ich wurde mit allem, was dazugehörte, eingeschult: Gottesdienst vor Schulbeginn, großes Treffen auf dem Schulhof, Einzug in die Klasse an der Seite meiner Freundin, Kennenlernen der Lehrerin und verwandtschaftliches Kaffeetrinken am Nachmittag mit Absahnen von Geschenken. Endlich durfte ich meine grün gemusterte Schultüte plündern und mich der Völlerei hingeben.

Ungefähr drei Jahre nach unserem Umzug stürmte eines Tages mein Onkel in unsere Wohnküche. Meine Mutter rührte gerade in einem großen Topf ihren Eintopf um, der auf dem Kohleofen vor sich hin köchelte. Ich hasste diesen nervösen, wortkargen Mann mit der Pomadenfrisur, der nun auf meine Mutter einredete und ihrer Kittelschürze ständig näher kam. Er wollte sich unbedingt ihre Geige ausleihen, wollte Geigenunterricht nehmen, aber erst einmal testen, ob ihm das auch lag.

„Nix da, sie leiht sie dir nur, wenn du mir deine Schreibmaschine ausleihst“, rief ich, bevor meine gutmütige Mutter wieder vorschnell „Ja“ sagen würde.

Er mochte mich nicht. Ich war ihm zu frech. Aber seine neue Adler-Reiseschreibmaschine hatte es mir angetan. Hämisch grinsend räumte er sie stets gleich weg, wenn er merkte, wie heiß ich darauf war.

„Du kannst doch gar nicht darauf schreiben, machst sie mir nur kaputt“, säuselte er arrogant.

„Du kannst auch keine Geige spielen, machst die gute Geige auch nur kaputt“, erwiderte ich und schaute auf den großen Mann. Ihn umgab der Geruch von Pitralon.

Schlussendlich marschierten wir drei hinunter in unseren Keller. Die steile Holztreppe hinab, auf der ich ständig das Gefühl hatte, mir greift jemand durch die Holzstiegen an meine Beine und hielte mich fest. Durch den Kellergang, der beleuchtet war, anschließend nach rechts durch einen unbeleuchteten Gang, der bis zu unserer Kellertür führte. Hier im Kohlenkeller gab es kein Licht. Das kleine Fenster hinten am Ende des Raumes schaffte es kaum, Tageslicht hineinzubringen.
Meine Mutter ging voraus, danach mein Onkel, der sich vor Angst in die Hose machte und sich ständig räusperte, danach kam ich. Meine Mutter schaltete die Taschenlampe ein und leuchtete die Wand entlang, an der der Geigenkasten hing. An einem rostigen Nagel über der riesigen Kartoffelkiste, in der es vor Mäusen nur so wimmelte. Ein fürchterlicher Keller, in den ich alleine nie einen Fuß setzen würde. Bisher wurde ich verschont, wenn es darum ging, Kartoffeln oder Kohlen aus dem Keller zu holen. Mit meinen

In der Nähe lag ein großer Spielplatz.

sieben Jahren war ich viel zu klein, daher zu schwach. Mein Onkel, der einen Kopf größer war als meine Mutter, griff nach dem Kasten und nahm ihn herunter. Mit dem Geigenkasten verließen wir den dunklen Kohlenkeller. Im beleuchteten Gang legte mein Onkel den Kasten auf einen Aschekübel. Oh, wie sah der Geigenkasten bloß aus! Total verdreckt, voll mit Spinnweben und Schimmel, das Holz aufgequollen.
Der angewiderte Blick meines Onkels sprach Bände. Am liebsten wäre er gleich verschwunden und hätte liebend gern auf die Geige verzichtet. Doch so leicht sollte er aus dieser Nummer nicht mehr herauskommen. Meine Mutter öffnete den Kasten und fing fast an zu weinen. Die Geige war kaum wiederzuerkennen. Wie konnte sie sich in nur drei Jahren fast aufgelöst haben? Nichts mehr mit Glanz. Total verschimmelt und fast zerfallen bot sie einen traurigen Anblick, der meiner Mutter ins Herz schnitt. Mein Onkel, dieser unverschämte Kerl, griff nach dem Bogen, der noch ganz intakt aussah und marschierte damit zur Treppe.
„Na ja, die Geige ist hinüber, den Stock kann ich allerdings noch gebrauchen“, sagte er und ging.
„Damit sollte man dir eins rüberziehen“, rief ich ihm hinterher.
„Freches Blag“, antwortete er.
Meine Mutter stand unter Schock, konnte den Blick nicht von der Geige wenden. Sicherlich machte sie sich Vorwürfe, in den drei Jahren nicht einmal nach ihrer geliebten Geige geschaut zu haben. Nun war es zu spät. Sie klappte den Kasten zu und trug ihn zurück in den Keller, stellte ihn in eine Ecke.
„Ich werde Papa was erzählen! Wieso musste die Geige bloß in den feuchten Keller? Warum hast du nicht mal nach ihr gesehen?“
Meine Mutter antwortete nicht, ging mit hängenden Schultern nach oben in unsere Wohnung. Ich trottete schimpfend hinterher. Den ganzen Tag war sie nicht mehr ansprechbar.

Seelentrip im Kloster Stiepel

Das Zisterzienserkloster Stiepel, auf einer herrlichen Anhöhe ganz im Grünen in Bochum Stiepel gelegen, faszinierte Klaus-Dieter seit jeher. Immer wieder hatte er bei Familienfeiern verlauten lassen, dass er mal ein paar Tage im Kloster Stiepel verbringen wolle, in sich gehen, Messen besuchen, beten und singen. Irgendwann, wenn er in den Ruhestand gehen würde. Von seiner großen Familie wurde er belächelt. Aber zum letzten Weihnachtsfest legten alle zusammen und schenkten ihm einen Gutschein für einen dreitägigen Aufenthalt, worüber er sich sehr freute.

Klaus-Dieter dachte zurück an die Gründung des Zisterzienserklosters im Jahre 1988. Es ist ein Priorat des Stifts Heiligenkreuz, einer Zisterzienserabtei in Österreich. Die Gründung ging auf eine Initiative des ersten Bischofs des Ruhrbistums Franz Kardinal Hengsbach zurück, der den Marien Wallfahrtsort wieder beleben wollte. 1988 wurden vier Zisterzienser aus der Abtei Heiligen Kreuz in Niederösterreich zur Klostergründung ins Bistum Essen entsandt. Das Klostergebäude wurde von 1989 bis 1990 erbaut. Klaus-Dieter war oft dort gewesen und hatte den Bau und das Vorankommen beobachtet. Seine Familie nahm ihn nicht für voll, weil er sogar bei Regen um die Baustelle schlich. Er wohnte ja nur einige Straßen weit entfernt, im Bochumer Ortsteil Stiepel, in einem kleinen Reihenhaus.

Zum Kloster gehört eine verpachtete Gaststätte, der Klosterhof, in der man trinken und essen kann. In den feinen Räumlichkeiten besteht sogar die Möglichkeit, Hochzeit feiern. Im Innenhof des Kreuzgangs steht ein Trinkbrunnen aus Ruhrsandstein. Um den Kreuzgang gruppieren sich die Bibliothek, der Kapitelsaal, die Rekreation und das Gästerefektorium. Da die Kirche St. Ma-

rien nach zistesziensischer Art keinen Glockenturm hat, ist die Hauptzufahrt der Klosteranlage als Glockentor konzipiert und beherbergt fünf Glocken.
Das Zisterzienserkloster Stiepel als geistliches Zentrum will für das Ruhrgebiet ein Ort der Stille und des Gebetes sein. Menschen sollen die Möglichkeit haben, sich zurückzuziehen und zu sich selbst zu finden. Neue Kraft und Orientierung zu suchen war genau das, was Klaus-Dieter brauchte. Sein Ruhestand entwickelte sich mehr zum Unruhestand, da er nichts mit sich anzufangen wusste. Okay, er hatte seinen Garten zu bearbeiten und am Haus war ständig etwas zu tun, aber geistig füllte ihn das nicht richtig aus. Würde er im Kloster zu sich finden, neu inspiriert werden?
An einem sonnigen Dienstag im Mai reiste er an und bezog sein gebuchtes Einzelzimmer, das mit Dusche und WC ausgestattet war. Er empfand es als Wohltat und große Erleichterung, dass kein TV im Zimmer vorhanden war. Ruhe, nichts als Ruhe wollte

Kloster Stiepel in Bochum.

er. Keine Entscheidung treffen, welches Programm er abends wählen sollte. Ein bequemes Bett mit hübscher gemusterter Bettwäsche stand in der rechten Ecke. Auf der linken Seite befand sich eine kleine Sitzecke mit einem Tisch und zwei bequemen Sesseln. Auf dem Nachtischchen leuchtete eine moderne Lampe. An den Wänden hingen hübsche Bilder. Vom Fenster aus konnte er in den Klostergarten blicken. Das Zimmer konnte es durchaus mit einem Hotelzimmer aufnehmen.
Klaus-Dieter war sehr gespannt auf das Klosterleben. Die Mönche würden ihm mit Rat und Tat zur Seite stehen, las er in dem Flyer. Werktags konnte er um 7.15 und um 18.30 Uhr an den Messen teilnehmen, ebenso an den Chorgebeten der Mönche. Täglich von 16.30 bis 17.15 konnte er beichten. Er fragte sich, was er da erzählen sollte. Hatte er etwa gesündigt? Im fiel gerade kein Vergehen ein. Okay, als er berufstätig war, hatte er mal ein Paket Druckerpapier mitgehen lassen oder ein Pfund Kaffee. Waren diese kleinen Diebstähle Vergehen, die man beichten müsste?
Den Rosenkranz zu beten war leider nur montags möglich, was er sehr schade fand, da er nur von Dienstag bis Freitag im Kloster sein würde. Frühstück gab es von 8.00 bis 9.30 Uhr, Mittagessen um 12.20 Uhr und Abendessen von 18.10 bis 19 Uhr. Er hoffte, dass sich nichts mit den Gottesdiensten und Vorträgen überschneiden würde, die er sich vorgenommen hatte zu besuchen.
Nachdem er sein kleines Köfferchen ausgepackt hatte, wurde er von Bruder Bertram in einem Schnelldurchgang durchs Haus geführt. Dieser endete zum Mittagessen im Ehrfurcht einflößenden Speisesaal, in dem er zwischen den Klosterbrüdern und anderen Gästen saß. Eine Frauengruppe in schicken Kostümen saß an seinem Tisch und beobachtete

ihn neugierig. Das Essen war nicht ganz nach seinem Geschmack. Doch war er zum Essen gekommen? Hackbraten, Salzkartoffeln und Mischgemüse, vorweg eine dünne Suppe. Nach dem langen Tischgebet war diese bereits kalt. Lange Zeit für eine Mittagsruhe hatte er nicht, denn um 15.00 Uhr war ein gemeinsames Bücheranschauen in der Bibliothek angesagt. Anschließend gab es eine Dankesandacht für die verstorbene Bernhardine Leffek, wer auch immer das gewesen war. Danach hetzte Klaus-Dieter zur Beichte, um wenigstens einmal nachzuschauen, wer sich da so von seinen Sünden erleichtern wollte. Er schaffte vor dem Abendessen noch einen Gang durch den Klostergarten, schnupperte an Salbei, Minze und Pantoffelblumen, um sich beim Abendessen auf Brote mit Käse und Wurst zu stürzen. Er hatte zuvor die Speisekarte der Klosterstube nebenan gelesen und festgestellt, dass man die Speisen nicht mit den Klostergaben vergleichen konnte. Immerhin wurde ein Glas Weißwein gereicht, das er sich schmecken ließ.

Zurück auf dem Zimmer wollte er seine Frau anrufen, dachte jedoch an die Worte des Abtes, sich in den Tagen im Kloster von der Handy-Sucht zu befreien. Also ließ er es, streckte sich auf dem Bett aus, hörte im Hintergrund die gregorianischen Gesänge, für die er von je her geschwärmt hatte. Die Mönche übten wahrscheinlich fürs Pfingstfest. Fast wäre er eingeschlafen, schaffte es jedoch pünktlich zum Auditorium mit Äbtissin Dr. Cordula Reichmann – „Fröhlich unter Toten, Leiden, Auferstehung und Himmelfahrt“. Die anwesenden Mönche wirkten übermüdet, die Damengruppe, die mit ihm am Mittagstisch gesessen hatte, kicherte herum, nippte am Wein und war nicht bei der Sache. Auch Klaus-Dieter trank Wein, der gar nicht mal schlecht schmeckte. Anschließend gab es einen Austausch über das Ge-

hörte. Nach einem letzten Gebet um 23 Uhr fiel er, in seinem Zimmer angekommen, todmüde ins Bett.
Die nächsten Tage wurden nicht weniger anstrengend, Gebete, Vorträge, Taizee-Vesper, nein das ist nichts zum Verspeisen, das Drama der Karwoche, der Tod von Papst Benedikt dem XVI. und viele weitere interessante Themen. Führungen mit den Mönchen durch das Klostergebäude, Kirchen und Garten. Sein Hirn spielte vor lauter Infos allabendlich verrückt, zu viel flutete auf ihn ein, schlimmer als nach einem spannenden Krimi im TV.
Als er am vierten Tag dem Kloster den Rücken kehrte, war er ein klein wenig froh und freute sich auf sein Zuhause, auf seinen Fernseher und seine geliebte Couch. Das würde er seiner Familie nicht erzählen. Immerhin war der Klosteraufenthalt eine Erfahrung wert gewesen, das musste er zugeben.
Den Besuch des Klosterladens, mit Köfferchen in der Hand, hätte Klaus-Dieter sich sparen sollen. Er hatte bewusst nur wenig Geld eingesteckt, um nicht in Verlegenheit zu kommen viel auszugeben, wollte er sich doch vom Konsum befreien. Nur mal schauen, dachte er. Das tolle Warenangebot in dem wunderschönen, mit viel Holz eingerichteten Laden hatte ihn schwach werden lassen. Und so schlug er voll zu. Zwei esoterische Bücher für ihn, eine Flasche Kloster-Gin mit Limette, hergestellt im Kloster selbst, Hildegard von Bingens Festtagssuppe, gemahlener Bertram, auch nach Hildegards Rezept hergestellt. Aprikosen-Essig für seine Gattin, Seifen in sämtlichen Formen und Farben. Gut, dass er mit Scheckkarte bezahlen konnte. Als er jedoch den Kassenbon in den Händen hielt, traf ihn fast der Schlag. Egal, dafür hatte er ja auch viel bekommen. Und nun aber schnell nach Hause.

Konfirmation 1970

Konfirmation in einer Zechensiedlung war damals wie eine halbe Hochzeitsfeier. Solche Feste kamen in dieser schlechten Zeit der Zechenschließungen gerade recht, um für Abwechslung zu sorgen.

Mit der Planung wurde Monate vorher begonnen. Karins Mutter redete ihrer Tocher ein, es sei das Beste, das Konfi-Kleid selbst zu nähen. Dieses wurde allerdings teurer als eins von der Stange. Sie fand das angeblich schlankmachende schwarze Etwas im Hängerchenstil schrecklich. Der letzte Pep sollte eine Borte aus Strasssteinchen am Hals und unter der Brust werden. Auf die Brust wurde eine Schleife gesetzt. Um die Länge des Kleides wurde bei jeder der zahlreichen Anproben gefeilscht.

Karin hasste das Kleid, ebenso die dazu passenden schwarzen Knautschlackschuhe mit Blockabsatz und weißer Schleife. So redete sie sich bei jeder Anprobe ein: „Es ist ja nur für einen Tag!“

Während des zweijährigen Konfirmandenunterrichts wechselte der Pastor und die Konfirmanden bekamen etwas Jüngeres. Dieser Neue – mit blonden gewellten Haaren und von stattlicher Größe – war gutaussehend, witzig, locker und der Unterricht begann Spaß zu machen. Fleißig lernte Karin, was er den Jugendlichen allwöchentlich auftrug, und sie konnte die Bibel und das Gesangbuch bald auswendig. Alle Mädchen waren ein wenig in ihn verliebt. Seit er sonntags die Predigt hielt, stand Karin sogar gerne frühmorgens auf und ging in die Kirche.

Der große Tag rückte näher. Konfirmation bedeutete Geschenke, Geld, etwas Schönes dafür kaufen. Karin wusste, worum es bei der Konfirmation eigentlich ging, trotzdem freute auch sie sich auf die Zuwendungen.

Das Kleid war fertig und die Familie begann mit den Einkäufen und den dafür erforderlichen Planungen. Ihr Vater war für die Getränke zuständig. Da sie ein Auto besaßen, brauchte er nicht wie andere Väter die Bier- und Wasserkästen auf dem Fahrrad zu transportieren. Die Rollbraten, die es zum Mittagessen geben sollte, wollte er selbst von Knochen befreien und anschließend rollen, da er einige Monate in einer Fleischfabrik gearbeitet hatte und laut seiner eigenen Aussage fast so viel wusste wie ein Metzger. Die Rollbratenaktion wurde zu einem Staatsakt. Er setzte sich in die Wohnküche aufs Sofa, im Hintergrund lief der Lokalsender WDR 2. Neben ihm standen ein Glas Bier und ein Schnäpschen. Die erforderlichen Utensilien ließ er sich von der Mutter bringen mit Befehlen wie „Hol mal“ und „Gib doch mal eben“.
Zwei Tage vorher begann man das Wohnzimmer auszuräumen. Sessel und Nierentisch mussten raus, um Platz für eine lange, festlich gedeckte Tafel mit Stühlen in einem Raum von knapp zwanzig Quadratmetern zu schaffen. Einen Tag vorher wurde mit der Hilfe der Omas vorgekocht. Karins Mutter lief den ganzen Tag mit hochrotem Kopf durch die Gegend und war nicht ansprechbar. Für so viele Leute ein komplettes Menü zu zaubern und auch noch ein Abendessen vorzubereiten war eine Kunst. In einem kleinen Waschzuber wurde Kartoffelsalat zubereitet, man füllte geschälte Kartoffeln in große Töpfe, putzte Gemüse und briet die Rollbraten. Zwei Torten wurden zur Feier vom Konditor geliefert. Die anderen Kuchen kamen von Verwandten und Bekannten. So ist es heute ja auch oft. Karin hat damals nicht viel geholfen, sie musste sich mental auf das Ereignis einstimmen. So hing sie mit Freundinnen und einigen Jungen in irgendeinem Stall ab und hörte Musik. Cat Stevens, Barry Ryan und die Hollies waren ihre Favoriten.

Am großen Tag warf Karin sich morgens in das tolle Kleid, in Seidenstrumpfhose und Knautschlackschuhe. Mit frisch gewaschenem und toupiertem Haar ging sie um acht Uhr aus dem Haus, bevor die Verwandten sich in die enge Wohnung pressen würden. Die Konfirmanden mussten eine halbe Stunde eher da sein, um ein letztes Mal das Hineingehen zu üben. Sie fragte sich, was daran so schwer war, die Kirche hatte nur einen Eingang. Sie fügte sich natürlich, um in der morgendlichen Aprilkälte aus dem Keller der Kirche hinten hinaus, durch den Haupteingang der Kirche vorne wieder hineinzugehen. Bei donnerndem Glockengeläut, immer schön zu zweit nebeneinander.

Eine halbe Stunde später, als Karin, klein und dick, neben ihrer Freundin, lang und dünn, den Gang durch die voll besetzte Kirche entlangschritt, waren ihre Gedanken bei den Geschenken. Sie rechnete, während sie mit ihren Knautschlackschuhen über den Teppich schwebte, zusammen, was unterm Strich bei der Aktion herauskommen würde. Die Kirche war so voll wie sonst nur am Heiligen Abend. Karins Oma väterlicherseits heulte vor Rührung in ein Taschentuch. Die Oma mütterlicherseits saß mit versteinertem Gesicht da. Der Opa dachte an den Doppelwacholder, den ihm Karins Vater nachher einschenken würde.

Ihre Mutter konnte sich freuen. Ihr Kind wurde konfirmiert und war somit vollständiges Mitglied der Gemeinde. Nach der Konfirmation durfte sie offiziell in die Jugendbegegnungsstätte im Keller der Kirche. Jeden Sonntag spielte eine Band. Sie sehnte den nächsten Sonntag herbei, wo sie das erste Mal dabei sein durfte.

Es war eine große Konfirmandengruppe und der Gottesdienst dauerte zwei Stunden. Karin quälte der Hunger. Außerdem wollte sie ihr unbequemes Kleid ausziehen. Sie hatte die Rechnung jedoch ohne ihre Mutter gemacht. Draußen vor der Kirche, auf

Die lieben Verwandten.

dem riesigen Vorplatz, nahmen alle 4711-Kölnisch-Wasser-Tanten Karin unter donnerndem Glockengeläut in die Arme, um sie zu herzen und zu beglückwünschen. An einer Mauer draußen auf dem Kirchengelände machte der Fotograf ein Gruppenfoto, also musste Karin weiter nur mit Kleid in der Kälte stehen. Danach gab es von etlichen Freundinnen ihrer Mutter die ersten Geschenke. Auch die ehemaligen Zechenkollegen ihres Vaters waren in ihrer Grubenmontur gekommen, um ihr und weiteren Zechenkindern ein Geschenk zu überreichen. Ehrfürchtig sangen sie das Steigerlied „Glückauf".

Zu Hause angekommen herrschte Chaos, bis jeder sich seines Mantels oder seiner Jacke entledigt hatte und an dem mit selbst gebastelten Kärtchen gekennzeichneten Platz saß. Die Geräuschkulisse glich der des Schalker Stadions während eines Länderspiels. Die Frauen lachten grundlos und die Männer mit ihren Baritonstimmen ließen Zoten über die Damen ab. Zwischendurch wurde Karin weiter beschenkt. Sie bekam den schönsten Platz an der Tafel, vor Kopf, am Fenster. Direkt vor ihrer Nase stand ein Freesien-Gesteck. Weiße Freesien und blaue Iris waren ihre Lieblingsblumen. Sie stapelte die Umschläge, kleine, mittlere und große, auf dem Tisch. Zu gern hätte sie überall mal hineingeschaut, aber ihre Mutter hatte ihr tags zuvor eingebläut, das Geld nicht aus den Umschlägen zu nehmen, da man sonst nicht mehr wisse, wer was gegeben habe.

Die Umschläge überwogen zum Glück, nur wenige echte Geschenke wurden ihr überreicht. Großblumige Handtücher, die scheußlicher nicht aussehen konnten, und weiße Damast-Bettbezüge waren dabei. Eine rote Knautschlackhandtasche mit langem Henkel und extra vielen Fächern war ebenfalls unter den Geschenken. Die würde im Jugendheim der Brüller sein, freute sie sich. Zu jedem Umschlag gab es Pralinen oder eine Tafel Schokolade. Das obligatorische Gesangbuch in echtem Leder mit Goldprägung und eingraviertem Namen durfte ebenfalls nicht fehlen.

Das Mittagessen war ihrer Mutter gelungen. Es gab eine Rindfleischsuppe und Schokopudding mit Sahne zum Nachtisch. Der Rollbraten war butterzart. Wäre sie ein Junge gewesen, hätte sie jetzt ihren ersten Schnaps trinken müssen, meinte ihr Vater. Als Mädchen bekam sie ein halbes Glas Wein, auf das sie gern verzichtet hätte. Ihr Vater holte seinen Fotoapparat heraus, montierte umständlich das Blitzgerät darauf und begann alles und jeden auf seinem Diafilm festzuhalten.

Als die Männer – ihr Vater, ihr Opa und ihre Onkel – nach dem Essen meinten, sie müssten auf ihren Ehrentag ein paarmal anstoßen und sich den Schnapsflaschen auf dem Tisch widmeten, verschwand Karin mit ihren Umschlägen in eine Ecke der Küche, um endlich ihre Barschaft nachzuzählen. Für die „Kinder“, drei Cousins und eine Cousine, war ein kleiner Tisch in einer

Die evangelische Kirche in Dortmund-Wickede.

Ecke der Küche aufgebaut worden. Sie fläzte sich auf eines der Höckerchen und legte die Umschläge auf den Tisch. Es waren schöne Karten dabei.
Ihre Mutter, die beiden Omas und die Tanten banden sich Schürzen um oder warfen sich in eigens dafür mitgebrachte Kittel, um das Geschirr wegzuräumen und zu spülen. Die Kinder sahen ihr mit großen Augen zu, als Karin die Geldscheine aus den Umschlägen holte, wieder hineinsteckte, nachdem sie die Summen notiert hatte, und zum Schluss alles addierte. Anschließend füllte sie mithilfe der Kinder Chips, Erdnussflips, Gold-Fischli, Erdnüsse und Haribo-Konfekt in Glasschalen.
Alle paar Minuten klingelte es an der Tür und es wurde ein Umschlag oder eine Topfblume abgegeben. Auf dem Schuhschrank lagen 50-Pfennig-Stücke für die Überbringer – Nachbarskind oder Bote – bereit. Umschlag bedeutete: Fünf- oder Zehnmarkschein. Als Alternative gab es eine Topfblume oder eine Schachtel Pralinen. So waren am Nachmittag alle Fensterbänke mit fast identischen Blumentöpfen vollgestellt. Alle trugen eine weiße Manschette, die aussah wie ein Plisseerock, waren entweder rosa oder rot, eine Azalee oder ein Alpenveilchen.
Die bestellten Torten wurden geliefert und es konnte wieder zugeschlagen werden. Es waren fast so viele Kuchen auf dem Tisch wie Personen anwesend. Ihr Vater war in seinem Element, machte Witzchen und schenkte Bowle oder Likörchen an die Frauen aus. Es wurde geraucht, Pfeife, Zigarre und Zigaretten. Begriffe wie Passivrauchen, krebserregende Substanzen und Schadstoffbelastung in der Luft waren zu der Zeit unbekannt. Man erzählte sich immer wieder die gleichen Geschichten: Wisst ihr noch, wie Onkel Fritz sich am 60. Geburtstag von Leni

... ha, ha, ha ... oder: Weißt du noch, unsere Gabi, bei unserer Verlobung ... nee, aber auch ... ha, ha, ha ... Opa erzählte wieder vom Krieg und von der Zeche und Karin bettelte, nach draußen zu dürfen. Nach wie vor trug sie das Konfirmationskleid und draußen war nicht.

Die Kaffeetafel wurde abgeräumt, wieder wurde gespült. Opa, der nur einige Häuser weiter wohnte, ging nach Hause, um sich hinzulegen. Die anderen Männer lockerten ihre Krawatten und öffneten die Hemden am Hals. Endlich wurde das Abendessen aufgefahren. Opa war wieder da und auch die anderen rafften sich erneut auf. Der gute Kartoffelsalat, der wieder die ganze Nacht schwer im Magen liegen würde, wurde aus dem Keller geholt. Dazu gab es kalten Braten, jede Menge Würstchen sowie Brot mit einer riesigen Auswahl Belag: Aufschnitt, Schinken, Mett und Käse. Kalorien? Was war das?

Ein weiteres Mal waren die Frauen dran: auf, in die Kittelschürzen, abräumen und spülen. Getränkenachschub wurde geholt und die Knabbereien aufgefüllt. Merci-Schokoladen-Riegel wurden in Gläser gestopft. Ihr Vater fotografierte noch immer, hatte jedoch längst keinen Film mehr in der Kamera. Wieder wurden Anekdoten erzählt und über die nicht anwesenden Verwandten hergezogen. Zum guten Schluss wurde das Tonbandgerät eingeschaltet. Irgendwelche Operetten-Melodien erklangen. Zwischendurch sang man das Steigerlied.

Die letzten gingen, etwas schwankend, mit Erdnusskrümeln am Mund, durchgeschwitzt und mit verwüsteter Frisur, um 24 Uhr. Karin war mit ihren Verwandten von morgens neun Uhr bis Mitternacht auf engstem Raum zusammen gewesen. Fünfzehn Stunden Familie!

Die Wohnung war ein einziges Schlachtfeld. Überall Krümel und Nüsse am Boden. Die guten Sofakissen – der Stolz ihrer Mutter

– schmutzig und zerdrückt. Essensreste, leere Flaschen, Gläser und zerknüllte Servietten auf dem Tisch. Morgen ist auch noch ein Tag, meinte ihr Vater und ging ins Bett.
Karin begann den nächsten Tag auf dem Sofa, las Zeitung und hörte Radio. Danach zog sie sich an, um aus der Nachbarschaft diejenigen einzuladen, die etwas geschenkt hatten. Ihre Mutter verlangte, sie möge das Kleid am Nachmittag für die Nachbarn ein weiteres Mal anziehen. Jede Widerrede war zwecklos.
Gegen fünfzehn Uhr erschienen mindestens so viele Personen wie an der eigentlichen Feier. Die Mithilfe ihres Vaters beschränkte sich darauf, die Damen zu unterhalten und ihre Gläser mit Sekt oder Wein zu befüllen. Er war ein ausgezeichneter Unterhalter und die Frauen hatten Spaß. So einen Spaß, dass sie noch nach zwanzig Uhr mit roten Wangen und glänzenden Augen herumsaßen und Karins Mutter vor Erschöpfung fast vom Stuhl fiel. Aber immerhin hatte sie nun acht Topfblumen, die sie vielleicht ein bisschen für die viele Arbeit entschädigen würden.

Das Eselchen Grisella

Wilhelmine hielt das alte Buch, das sie beim Aufräumen gefunden hatte, in den zittrigen Händen und strich zärtlich über das Cover. „Das Eselchen Grisella“, hieß es. Es zeigte besagtes Eselchen, auf dem ein kleiner Junge vergnügt durch die Gegend ritt, auf weißem Untergrund. Im Inneren befanden sich tolle Illustrationen, die sie träumen ließen. Es war ihr Lieblingsbuch gewesen, das sie damals 1963 zur Einschulung von ihrer Oma bekommen hatte. Diesem Buch war es geschuldet, dass Wilhelmine sehr schnell lesen lernte. Sie wollte erfahren, was dem kleinen Eselchen so alles passiert war. Der Autor und Puppenspieler Heinrich Maria Denneborg war bekannt und hatte viele Kinderbücher geschrieben, die sehr beliebt waren und in mehrere Sprachen übersetzt wurden.

Jedes Schulkind wollte schnell lesen lernen.

Wilhelmine setzte sich mit einer Tasse Kaffee in ihren Lieblingssessel, lehnte sich entspannt zurück und las in ihrem alten Kinderbuch, dass sie seit 60 Jahren aufgehoben hatte. Sie vergaß Zeit und Raum und konnte es einfach nicht zur Seite legen.
Mit Tino, dem italienischen Jungen, erlebte das Eselchen die tollsten Abenteuer. Mit dem Jungen, der keine Eltern mehr hatte. Er hatte jedoch Grisella, das schönste Eselchen der Insel Elba. Das Eselchen mit dem geheimnisvollen schwarzen Ohr hatte ihm, dem armen Jungen, die reiche Bäuerin Petronella geschenkt. Er musste der Frau versprechen, immer gut zu ihm zu sein, es zu behandeln wie einen Bruder. Da Wilhelmine als kleines Mädchen ein Faible für Esel hatte, träumte sie damals

nur noch von Grisella. Obwohl inzwischen eine alte Frau, besaß sie noch ihren Plüschesel, der natürlich Grisella hieß und reichlich abgeliebt aussah. Das Fell der echten Grisella hingegen war weich wie Samt gewesen, grau, am Bauch jedoch weiß und an einem Ohr schwarz. Tino war so stolz auf sie.
Damit Tino sein Eselchen mit Essen versorgen konnte, ließ er Touristenkinder auf ihm reiten – gegen Geld versteht sich. Bei der Beerdigung von Petronella zog das Eselchen den Leichenwagen mit dem Sarg. Natürlich waren in dem kleinen Dorf viele Menschen neidisch und hätten Grisella gerne selbst besessen. Aber Petronella wusste, wieso sie gerade Tino das Eselchen vermacht hatte. Nachts, wenn alles schlief, sprach Grisella sogar zu Tino und die beiden verband eine ganz enge Freundschaft.
Irgendwann lernte Tino Betty kennen, die verwöhnte Tochter eines reichen Südamerikaners. Sie überredete ihn, den kleinen Esel zu verkaufen. Tino wurde als Betreuer für das Eselchen engagiert und bekam eine Art Pagenuniform. Gemeinsam reisten Betty, ihre Familie und Tino sowie das Eselchen Grisella durch Europa. Ein tolles Leben, das Tino und Grisella da führten.
Eines Nachts kehrt die Familie nach Brasilien zurück, nahm Grisella mit und ließ Tino zurück. Sie hatten ihn hereingelegt. Verzweifelt suchte er überall nach Grisella, konnte sie nirgendwo entdecken. Es war ziemlich kompliziert, dem Schiff hinterherzureisen. Zuerst mussten für den Jungen Papiere beantragt werden, die er auf der Insel Elba, seinem Zuhause, bisher nicht gebraucht hatte. Mithilfe des ortsansässigen Polizisten wurde für Tino ein Ausweis besorgt, damit er auf das Schiff durfte. Das dauerte sehr lange und Wilhelmine zitterte beim Lesen regelrecht. Das Buch war so spannend, dass sie es abends, auch als Oma, kaum weglegen konnte.

Endlich war es so weit und Tino konnte mit dem Schiff dem Eselchen nach Südamerika hinterherreisen. Eine Dame aus Rio de Janeiro war ihm behilflich, sodass er vor Ort die reiche Familie, Betty und Grisella fand. Und wieder war der Junge nicht willkommen, man wollte ihn loswerden. Doch oh, wie hatte Grisella sich gefreut, Tino wiederzusehen. Sie schrie dreimal laut und wollte sich gar nicht beruhigen. Von Betty wurde das Eselchen nicht gut behandelt, musste bei Hitze im Kreis reiten, bis es völlig erschöpft war. Tino wollte Geld zusammensparen, um dem reichen Mann Grisella wieder abzukaufen. Das Glück war ihm hold. Da das verwöhnte Mädchen zum Geburtstag diesmal ein Pony bekam, war Grisella abgemeldet. Und so schenkte ihr Vater dem Jungen den Esel. Bloß, wie zurück nach Elba kommen? Auf dem großen Schiff wollte man ihn mit Grisella nicht mitfahren lassen. Ein Zirkus sollte ihm zur Hilfe kommen, der Tino und das Eselchen als eine Nummer in seinem Programm einbaute.
Ein Stein fiel Wilhelmine vom Herzen, als es endlich klappte und die beiden zurück nach Elba kamen. So ein aufregendes Buch. Wilhelmine dachte nach. Wo der kleine Junge samt Esel überall hingekommen war in so jungen Jahren! Was hatte sie für Urlaube in ihren 66 Jahren erlebt? Okay, sie war ganz oft im Sauerland, an der Ostsee, Nordsee, in Bayern und in vielen anderen deutschen Bundesländern gewesen. Aber mit Ausland konnte sie nicht dienen. Ein paarmal Österreich und Holland, mehr war nicht drin gewesen. Schön musste es sein, einmal Elba zu sehen. So träumte sie sich, wenn sie das Buch über Grisella las, auf die Insel Elba. Ob sie es wagen sollte, in ihrem Alter dorthin zu reisen? Wenn nicht jetzt, wann dann?
Wieso sie gerade dieses Buch so lange aufbewahrt hatte, konnte sie sich nicht erklären. Sie hatte es mehrmals gelesen und in den 80er-Jahren, als sie selbst Kinder hatte, hatte sie ihnen da-

raus vorgelesen. So oft, dass diese mit den Augen rollten. Nun zog sie in eine kleinere Wohnung und musste sich von vielen Dingen trennen. Doch niemals von diesem Buch. Das würde mit in die neue Wohnung kommen.
Von dem Ruhrpott-Autor Heinrich Maria Denneborg hatte sie als junge Frau in der Zeitung gelesen. Da gab es noch keinen PC und Google, wo man mal eben nachschauen konnte, was man wissen wollte. Geboren wurde Denneborg als Sohn eines Dachdeckers am 7. Juni 1909 in Gelsenkirchen-Horst. Er wuchs in Gelsenkirchen-Buer auf. Nach dem Besuch der Volksschule begann er eine Ausbildung als Bauzeichner. Im Jahre 1931 holte er das Abitur nach. Ein Studium der Theaterwissenschaft und Germanistik folgte. Schon als Schüler widmete er sich der Schriftstellerei, gewann sogar 1929 den Ullstein-Story-Preis. Gleichzeitig entdeckte er das Puppenspiel für sich. Genoveva und eine Adaption von Rumpelstilzchen waren seine ersten Erfolge. Als Puppenspieler und Schriftsteller ließ er sich 1935 in Gelsenkirchen in der Künstlersiedlung Halfmannshof nieder, die bis heute bei Künstlern äußerst beliebt ist. Sie liegt im Stadtteil Ückendorf, in der Nähe der Halde Rheinelbe. Bis Ende des Jahres 2012 handelte es sich um ein Wohn- und Gemeinschaftsprojekt von bis zu neun Künstlerfamilien. Derzeit befindet sich die Siedlung in einem Umwandlungsprozess zu einem Kreativquartier, eine Wohn- und Arbeitsstätte für 20 Kreative unterschiedlicher Sparten. Wilhelmine war vor ein paar Jahren mal dort gewesen, auf den Spuren von Denneborg, um sich umzusehen. Eine kleines Dorf für sich, ganz im Grünen gelegen.
„Die hölzernen Männer“ war übrigens Denneborgs erstes Buch. Nebenbei arbeitete der Künstler bis 1939 in der Stadtbücherei Gelsenkirchen und organisierte Kasperleveranstaltungen. Wäh-

rend des Krieges besuchte Denneborg mit seinem Puppentheater die deutschen Soldaten an der Front, um für Ablenkung zu sorgen. 1955 erschien nach „Daniel der kleine Uhrmacher“ das wunderbare Kinderbuch „Das Eselchen Grisella“. Es folgten weitere Kinder- und Jugendbücher. Er gewann den Deutschen Jugendbuchpreis. Etliche seiner Bücher erschienen in 15 Sprachen. Seit 1948 hatte Denneborg mehr als 30 Hörfunksendungen. In den 1970er-Jahren entstand endlich die Hörspielfassung von Grisella und machte etliche Kinder glücklich. 1987 verstarb der große Künstler im Schweizer Tessin, wo er neben der Gelsenkirchener Künstlersiedlung eine zweite Heimat gefunden hatte. Heinrich Maria Denneborg und das Eselchen Grisella würden für die 66-jährige Wilhelmine unvergessen bleiben. Und nach Elba würde sie auch reisen. Sie hatte im PC nachgeschaut, was so eine Reise kosten würde. Könnte klappen!

Der liebe Waldi und seine Kumpane

Die Hunde, die in den Haushalten der alten Siedlung lebten, tourten meistens allein herum, jeder kannte sie. Morgens ging die Tür auf und es hieß „Tschüss, Waldi“. Niemand machte sich Gedanken über Hundeerziehung. Es gab zwar den einen oder anderen Schäferhundeplatz, der jedoch eben dieser Rasse vorbehalten blieb. Hundeverordnung und Leinenpflicht waren Fremdworte. Impfpässe besaßen die wenigsten, dem Arzt wurden die Vierbeiner nur im äußersten Notfall vorgestellt. Rauften sich zwei Hunde auf der Straße, machte niemand Aufhebens davon, es gab deswegen keinen Stress zwischen den Hundebesitzern. Die Hunde lebten einfach so nebenher.

Drei der etlichen Vierbeiner aus der alten Zechensiedlung sind vielen Bewohnern deutlich in Erinnerung geblieben. Wie schon erwähnt: z. B. Waldi, ein mittelgroßer Dackelmix, der schräg gegenüber wohnte und den man meistens allein antraf. Er hatte es immer eilig, wenn er die staubigen Bürgersteige entlangstreifte, so, als hätte er noch wer weiß was zu erledigen. Seine stolze Haltung entsprach der eines Managers, nur dass er keine Aktenmappe mit sich trug. Die Leute sprachen jedes Mal ein paar Worte mit ihm, streichelten ihn, um festzustellen, dass er ganz schön stank und außerdem harte Filzknoten hinter den Ohren hatte. Dankbar schaute Waldi sie aus treuen braunen Augen an und wedelte freudig mit dem Schwanz. Er verstand sie, auch wenn er nicht sprechen konnte. Ein Blick in seine Augen und sie wussten, was er ihnen sagen wollte.
Saßen die Mädchen im Sommer mit ihren Liegebetten auf der großen Wiese zwischen den Häusern und spielten mit Barbie-Puppen, gesellte sich Waldi oft zu ihnen, legte sich ans Fußende einer der Liegen und beobachtete sie. Zu den Mahlzeiten fand er sich pünktlich wieder zu Hause ein. Chappie und Pedigree waren für ihn Fremdworte, er fraß, was in seinem Napf landete, irgendwelche Essenreste der Familie Meyer. Hauptbestandteile: Kartoffeln mit Soße. Hin und wieder marschierte er durch eine offen stehende Tür direkt in die Küche eines fremden Hauses und kam wenig später mit einer Wurst oder einem rohen Kotelett heraus. Oft blieben solche Aktionen unbemerkt, manchmal jedoch kam jemand fluchend hinter ihm hergerannt und beschimpfte ihn übel. Einem Nachbarn, dem alten Karnickelbesitzer, kackte er zur Freude der Kinder öfter vor seine Stalltür. Fluchend beseitigte der humpelnde Alte die Haufen, damit er die Tür öffnen und zu seinen Kaninchen konnte.

Gelegentlich stibitzte Waldi voller Übermut eine lange Doppelrippunterhose von irgendeiner Wäscheleine. Er zog knurrend so lange daran, bis die Wäscheklammern abflogen. Freudig rannte er mit dem Teil durch die Gegend und ließ es irgendwann, wenn das Spiel langweilig wurde, ein paar Hundert Meter weiter einfach liegen. Niemand hat Waldi jemals verraten.
Bobby war der einzige Hund, der nur angeleint anzutreffen war, wieso auch immer. Dabei war er gar nicht böse. Er kläffte nur sehr penetrant und brachte die Nachbarn oft zur Verzweiflung. Gleich neben dem Stall, seinem Zuhause, stand vor einem großen Sandkasten eine Bank, auf dem Bobbys Herrchen den ganzen Tag abhing, soweit es das Wetter erlaubte. Nur bei extrem schlechter Witterung, ließ die Frau ihren Göttergatten in die Wohnung.
Die Mädchen und Jungen nannten den Kerl der Einfachheit halber Oppa Bobby. Oppa Bobby war genauso mager und unansehnlich wie sein grau-grüner Hund. Die beiden rochen wie eben nasse, ungepflegte Hunde riechen. Oppa Bobby sah mit seiner schwarzen Hornbrille und der befleckten Schlägermütze aus wie das Ruhrpott-Urgestein Herbert Knebel. Oder machte etwa Herbert Knebel einen auf Oppa Bobby? Herrchen und Hund hatten sogar identische Zähne, dunkelgelb mit braunen Rändern am Zahnfleisch. Die Pullover, die Oppa Bobby selbst im Hochsommer trug, standen vor Dreck. Der Hemdkragen, der oben aus dem Pulli hervorschaute, war ebenfalls steif vor Schmutz und von nicht erkennbarer Farbe.
Bobby kannte nur das Leben vor dem Stall und im Stall, weshalb er wahrscheinlich so viel kläffte. Sein Fressen, eine undefinierbare braune Masse, trug Omma Bobby einmal am Tag aus dem Haus zum Stall und knallte es dem Hund mit den Worten „Da, hasse!“ vor seine Schnauze.

So ein Pudel braucht professionelle Pflege!

Traf eines der Kinder Bobby allein an, redete es mit ihm und wagte sich ganz nah an ihn heran, um festzustellen, dass er wahrlich keine Schönheit war. Trotzdem versuchte der ein oder andere ihn zu streicheln. Doch noch ehe die Hand ihn erreichte, knurrte er los und bellte, was das Zeug hielt. Kurz darauf trat Oppa Bobby auf den Plan und rief: „Verschwinde, du olles Blag, has hier nix verlorn. Hau ab.“ Erklärungen, dass es nur seinen Hund streicheln wollte, erreichten sein bedecktes Hirn erst gar nicht.

Da Oppa Bobby mit allen Kindern so ruppig umging, ärgerten sie ihn gerne gemeinsam, riefen ihm Schimpfworte hinterher, lachten ihn aus und bewarfen ihn mit dem Sand aus dem großen Sandkasten, woraufhin er die Augen schloss und sich schüttelte. Gern wäre er den Kindern hinterhergelaufen. Seine Kriegsverletzung, das steife Bein, hinderte ihn jedoch daran. Selbst seine rotschopfige Enkelin schmiss ihm aus sicherer Entfernung Beleidigungen an den blassen Kopf. Bobby und sein Herrchen bildeten auf ihre Art eine zufriedene Symbiose und wurden steinalt.

Ein regelrechtes Schoßhundeleben führte dagegen Pudel Amor und hatte es damit von allen Hunden der Siedlung am besten getroffen. Ausgewählt bei einem echten Züchter, wurde der schwarz gelockte Pudel mit langer Ahnentafel, gleich nachdem das Herrchen verstorben war, von der Witwe voller Freude ins alte Zechenhaus getragen.

Amor-Liese – so nannten die Kinder die Frau, seit sie diesen Hund besaß – blühte regelrecht auf, seit sie sich, alltäglich mit dem Oberkörper auf der Fensterbank des offenen Küchenfensters liegend, Amor zwischen ihren Doppel-D-Busen klemmte und mit ihm die Leute beobachtete. Die pubertierenden Kinder stellten sich vor, was die Amor-Liese sonst noch so alles mit ihrem schwarzen Liebling anstellte. Verließ sie mit ihm die Wohnung, kam der kleine Schatz an eine rote Lederleine. Sein Strasssteinchenhalsband funkelte in der Sonne, wenn er aufrechten Ganges neben seinem Frauchen herstolzierte.

Als eine Nachbarin einmal bei der Amor-Liese zum nachbarschaftlichen Kaffeetrinken eingeladen war, kam sie ganz erzürnt nach Hause und berichtete beim Abendessen, was passiert war. Amor saß auf einem eigenen Stuhl an der gedeckten Kaffeetafel und fraß Rosinenkuchen von einem Teller mit Goldrand. Aus seinen schwarzen Augen starrte er sie, die Nachbarin, an und sie hatte Angst, dass er jeden Moment zubeißen würde, was Amor-Liese natürlich erbost verneinte. Ihr Amor wäre wohlerzo-

gen und lieb. Außerdem hätte sein Atem übel gerochen, meinte die Nachbarin noch. Nach dem Kaffeetrinken hätte er sich an Nachbar Müllers Wade geklammert und eindeutige Schüttelbewegungen durchgeführt. Die Tochter der Familie wusste noch nicht, was sie damit meinte.
Den Briefträger biss Amor in die Hand, nachdem er den Versuch gestartet hatte, ihn zu streicheln. „Komm ma her, du! Biss ein ganz ein Süßer, du“, sprach er freundlich zu Amor und bückte sich mit seiner Kartoffelnase zu ihm hinab. Kaum hatte seine Hand die Pudelkrone erreicht, schnappte der Süße auch schon zu. Wahrscheinlich war Rentenzahltag gewesen und der Postbote hatte schon einen sitzen und eine üble Fahne, weil er überall – wie das damals im Ruhrpott beim Zahltag üblich war – einen Kurzen eingeschenkt bekommen hatte. Amor mochte nämlich keinen Alkoholgeruch.
Bekam Amor nicht seinen Willen, erledigte er sein kleines Geschäft auch schon mal an einer Schranktür von Amor-Lieses Schleiflackschlafzimmer, vertraute diese einer Nachbarin an. Trotz allem liebte Amor-Liese ihren Schatzi wie verrückt.
Einmal im Monat, stets kurz nach dem Monatsersten, wurden die pfundige Amor-Liese und ihr Hündchen in den VW-Käfer ihres Sohnes verfrachtet und in die Stadt kutschiert, wo Amorchen eine neue Frisur verpasst bekam. Die Kinder bestaunten Amor, wenn er Stunden später völlig verändert, total aufgemotzt, dem Auto entstieg. Er war schon ein starker Kontrast zu dem verfilzten Waldi.
Die Kinder vom Hof fanden Amor trotzdem äußerst niedlich, kamen jedoch nie nah genug an ihn heran, um ihn wenigstens einmal zu streicheln. Gern hätten sie ihn auch Gassi geführt. Die gute Frau gab ihn jedoch niemals aus der Hand.

Schnupper-Praktikum

Maria stand auf dem Gang der Station, direkt vor dem Fahrstuhl, und schnitt Pflaster zurecht. Ihre Finger schmerzten. Sie konnte die Schere kaum mehr auseinanderbekommen. Stehen konnte sie nach über zwei Stunden auf einer Stelle auch nicht mehr. Ihre Füße brannten. Sie lehnte sich gegen den wuchtigen Transportwagen und seufzte. Was für eine bescheuerte Arbeit. Sie sah den Fahrstuhl ankommen. Die Tür öffnete sich und ihm entstieg ihr Klassenlehrer Karl. Er wollte seinen Schülern einen Besuch abstatten. Der sonst eher harte Karl schaute auf Marias Hand. „Du blutest ja“, sagte er mit rauer Stimme. „Hör sofort auf damit!“, ordnete er an und suchte das Schwesternzimmer auf, um mit der Stationsschwester zu reden. Gerne ließ Maria die schwere Schere fallen.

Die Schwester raunzte Karl an. „Ja, das hätte sie doch sagen können.“ Ja, sie hätte sagen können, dass ihr das stundenlange Pflasterschneiden Schmerzen bereitete. Was wäre die Alternative gewesen? Wieder Fliesen abwaschen? Oder in der Kälte draußen die Abfallkübel mit den Essensresten, genannt Schweineeimer, ausspritzen?

„Und wie gefällt es dir sonst?“, fragte Karl das Mädchen mitfühlend. Sie zuckte nur mit Schultern. Tränen standen ihr in den Augen.

Vor ungefähr zwei Wochen kam ihr Klassenlehrer an einem stürmischen Herbsttag mit einer angeblich guten Nachricht in die Klasse geweht. Erstmalig würde im November 1970 ein Schülerpraktikum für die Abschlussklasse stattfinden. Die einmalige Chance, um mal ins Berufsleben hineinzuschnuppern, meinte er. Viele Schnuppermöglichkeiten boten sich den ungefähr 14-jährigen Schülern jedoch nicht. Die Jungen sollten in die Lehrwerkstatt der ortsansässigen Zeche Hugo. Die Mädchen

durften zwischen der Kaufhalle in der Gelsenkirchener City und dem alten Marienhospital in Buer wählen. Für viele der Schüler stand schnell fest, wo sie im nächsten Jahr ihre Ausbildung beginnen würden, andere befanden sich gerade in der Bewerbungsphase. Also, ein wenig spät, das Praktikum.
Und was gab es da schon groß zu schnuppern? Krankenhaus und Kaufhalle waren nicht gerade Traum-Ausbildungsorte. Da Maria beides nicht zusagte, entschied sie sich für das Krankenhaus, weil es näher an ihrem Zuhause lag als die Kaufhalle. Das St.-Marien-Hospital Buer war ein erhabenes Gebäude aus dem Jahr 1867 und beherbergte ständig um die 257 Patienten.
Für Maria war es reizvoll, zwei Wochen lang an keinem Schulunterricht teilnehmen zu müssen. Das Praktikum rückte näher, Maria freute sich über die Schülerfahrkarte, mit der sie nun zwei Wochen lang, auch an den Wochenenden, kreuz und quer durch die Stadt fahren konnte. Als sie sich am ersten Tag mit ihren Freundinnen im Krankenhaus meldete, wurden die Mädchen von einer grimmigen Schwester mit Knotenfrisur auf die Stationen verteilt. Maria und Gaby kamen auf die Innere Frauenstation in den zweiten Stock. Dachte Maria bis dahin, sie würde einen gestärkten Kittel bekommen und Krankenakten sortieren, wurde sie schnell eines Besseren belehrt.
Allein der Geruch, wenn sie das uralte, verschachtelte Gebäude betrat, war gewöhnungsbedürftig. Es roch nach Franzbranntwein und Feuchtigkeit. Die hohen gewölbeartigen Gänge waren dunkel, ebenso die Zimmer. Die hagere Stationsschwester, eine mit Knoten im Nacken – wohl ein Zeichen von Frömmigkeit –, war wortkarg und streng. Treffpunkt der Krankenschwestern und des Hilfspersonals war die große Stationsküche, in der jeden Morgen, wenn Maria um acht Uhr aufschlug, ungefähr acht Frauen um einen großen Tisch saßen und erst einmal genüsslich frühstückten.

Keine Rede von Pflegenotstand und überlastetem Personal. Für die Praktikanten ging es allerdings gleich zur Sache. Sie durften das Frühstücksgeschirr aus den Patientenzimmern holen und in den Geschirrwagen räumen. In manchen Zimmern roch es bestialisch, ein bisschen nach Tod. Waren sie damit fertig, bekamen sie irgendeine Sonderaufgabe. Entweder sollten sie die Fliesen auf den Gängen abwaschen oder sonst eine erniedrigende Arbeit erledigen, wie zum Beispiel Pflaster zurechtschneiden.
Um genau Viertel nach zehn wurden sie losgeschickt, um den Essenswagen aus der Großküche im Keller zu holen. Ein riesiges Gefährt, das zwei Mädchen kaum bewältigen konnten. Es beherbergte das Essen für die ganze Station. Bis sie endlich den Fahrstuhl erreicht hatten, verging eine Ewigkeit. Oben angekommen, wurde zuerst einmal für die Schwestern und Hilfskräfte gesorgt. Auch den Praktikanten schaufelte man das Essen auf und sie durften mit an dem großen Tisch zu Mittag speisen. War das Personal satt, begann man mit der Essenverteilung für die Patienten. Da konnte es sein, dass die Rouladen oder Koteletts nicht reichten und geteilt werden mussten. Dafür gab es eben mehr Kartoffeln und Gemüse. Nach dem Mittagessen begann man sofort mit dem Austeilen von Kaffee und Kuchen, wobei Maria ebenfalls helfen durfte.
Maria zeigte Gaby ihre Wunden an den Händen. Gaby hingegen berichtete ihr, wie sie einen Patienten waschen musste, der sich von oben bis unten vollgemacht hatte.
In der verräucherten Buswartehalle in Buer warteten die Mädchen auf den Bus, der sie nach Hause bringen würde. An diesem elenden Ort, der trotzdem eine enorme Anziehungskraft auf Maria hatte, traf man die unterschiedlichsten Menschen. Alkohol trinkende Männer, die hier den ganzen Tag herumlungerten, Mütter mit Kindern, die vom Einkauf kamen und zahlreiche Jugendliche.

In der Eisdiele, in der sich Maria mit den anderen Mädchen am Samstag – Halbzeit – traf, ging es recht munter zu. Alle hatten sich so viel zu erzählen. Es gab nur ein Thema: das Praktikum. Die Mädchen, die sich für die Kaufhalle in der Innenstadt entschieden hatten, jammerten ebenso herum wie Gaby und Maria. Sie würden im kalten Lager in einer Art Käfig sitzen und den ganzen Tag Weinbrandbohnen auswiegen und in Tüten füllen. Bald war schließlich Weihnachten. Waren sie nicht schnell genug, wurden sie beschimpft. Das war ja fast noch schlimmer als im Krankenhaus, fand Maria. Obwohl, getadelt wurde Maria in der letzten Woche zweimal. Einmal, weil sie einer an Diabetes leidenden alten Frau eine Nachspeise aus der Normalkost gebracht hatte, die der Patientin einen üblen Zuckerstoß bescherte. Das andere Mal hielt die Stationsschwester ihr einen Vortrag über Praktika im Allgemeinen. Maria hätte den Himmel auf Erden im Krankenhaus, meinte sie.
Am Montag kam ganz früh am Morgen der Notruf aus einem der Privatzimmer. Die Lampe über der Tür blinkte zeitgleich. Maria war eingebläut worden, sofort hinzulaufen, wenn der Ruf aus

Das St.-Marien-Hospital wurde 1867 erbaut.

einem der drei Privatzimmer komme. Bei den Kassenpatienten könnte sie sich Zeit lassen. Als sie die Tür öffnete, stellte sie fest, dass eine andere Patientin in dem Bett lag, in dem noch am Freitag die mit dem lilafarbenen, immens geschwollenen Bein gelegen hatte. Maria hatte totale Panik, in dieses Zimmer zu gehen, weil diese Frau fast tot aussah. Die mit dem lila Bein sei gestorben, erzählte man ihr.

Mittags ließ die Schwester Maria die Schweineeimer auswaschen. Draußen regnete es und war eisig kalt. Sie musste die schweren Eimer aus der Küche im Keller holen, auf einen Wagen laden, diesen zu einem Unterstand in den Hof fahren, die Essensabfälle aus den Eimern in einen großen Trog gießen, den ein Bauer aus der Umgebung regelmäßig abholte und anschließend die Dinger mit einem Wasserschlauch ausspritzen. Das war so eine ekelige Arbeit und Maria bezweifelte, dass sie dazu überhaupt verpflichtet war.

Das Praktikum näherte sich dem Ende. Am Samstag, dem letzten Tag, erzählte eine blasse Lernschwester, dass die letzten Praktikanten für ihre Arbeit Geld bekommen hätten. Geld? Da klingelten aber Marias Ohren. Da die Stationsschwester ihre auf Durchzug gestellt hatte, trommelte Maria die anderen Praktikanten zusammen, um unten in der Verwaltung eindrücklich nachzufragen. Maria war die Rädelsführerin und ging der Gruppe voraus. Als sie nach dem Eintreten ins das Büro des Verwaltungsdirektors nach ihrem Anliegen gefragt wurden, antwortete sie kurz und bündig: „Wir wollten unser Geld abholen!“

Es folgte ein Räuspern, begleitet von einem unschlüssigen Kinn-Kneten, bis er endlich seine Sekretärin hereinrief und sie bat, Auszahlungsscheine fertig zu machen. Zwanzig Mark sollte jede Praktikantin erhalten. Wenig später gingen die Mädchen mit dem Geld in der Tasche zurück auf die Stationen.

Maria überzeugte anschließend ihre Kollegin, dass es nicht schlecht wäre, wenn sie sich beim Verteilen des Kuchens von den Patienten verabschieden würden. Schließlich waren einige von ihnen den Mädchen richtig ans Herz gewachsen. Zum Beispiel die einbeinige Dünne, die den ganzen Tag auf einem Höckerchen saß und sich die Hände mit einem Apfel einrieb. Oder die Zimmernachbarin, die in ihrem Kleiderschrank tagelang das Fleisch aufbewahrte, dass sie beim Mittagessen nicht geschafft hatte aufzuessen. Sie hüllte es in Tempotücher. Hatte ihre Krankenkasse schließlich bezahlt, meinte sie.
Das mit dem Verabschieden stellte sich als gute Idee heraus, denn viele der Frauen zerrten ihre Geldbörsen aus den wackeligen Nachtschränkchen und gaben ihnen eine Mark. So hatte sich der letzte Tag richtig gelohnt.
Auf alle Fälle hatte das Praktikum Maria erwachsener werden lassen. Die negativen Erlebnisse empfand sie an diesem Samstag gar nicht mehr als so schlimm und sie konnte sogar darüber lachen. Die Wunden an ihren Händen waren fast verheilt.

Die Bude

Sie lag auf seinem Schulweg, am Ende einer dunklen, schmalen Straße, kurz vor der Autobahnbrücke. Dieser Verkaufskiosk – im Ruhrpott kurz „Bude“ genannt – war eine normale Trinkhalle, weder besonders auffällig noch architektonisch schön, untergebracht in der unteren Etage eines Wohnhauses.
Das Sortiment war nur mittelprächtig, der Besitzer war nicht einmal das. Außerdem war er unfreundlich und mochte keine Kinder. Ob er verheiratet war oder gar Nachwuchs hatte, wusste Jo-

hannes nicht. Stolz trug der Besitzer seine ergrauten Haare mit einer rechtsseitigen Tolle. Sein dunkelhäutiges Gesicht wurde von einer schwarzen Brille mit dicken Gläsern, stets verschmiert und mit Schuppen behaftet, dominiert. Seine nach unten gebogene Nase glich der eines Koalabären. Die Haut seines Halses hing wie die eines Truthahns beutelartig herunter, um anschließend in einem karierten Holzfällerhemd zu verschwinden. Darüber trug er meistens Pullunder, weinrote oder dunkelgrüne, dazu schlabberige Opahosen, die aussahen, als hätten sie lange Zeit keine Waschmaschine von innen gesehen.

Er war Kindern gegenüber ungeduldig. Wenn die Kleinen mit einem Groschen ankamen, die Nasen an der Scheibe plattdrückten, die Bonbongläser und deren Inhalt genau betrachteten, mit kleinen Händchen unentschlossen auf die Glasbehältnisse zeigten, verlor er leicht die Nerven. Er drängte die Kinder, an denen er nichts verdienen konnte, sie möchten sich entscheiden, er hätte nicht ewig Zeit, hätte auch noch was anderes zu tun. Johannes fragte sich, was es für ihn, außer seinem Budenjob, wohl so Wichtiges zu tun geben könnte. Umsatz machte

Die Bude damals ...

der Budenbesitzer mit den Bier- und Schnapstrinkern sowie den Rauchern. Nicht zu vergessen die zahlreichen Omis, die sich eine Zeitschrift gönnten. All denen war er freundlich gesonnen, ließ sogar hin und wieder den Anflug eines Lächelns über sein Gesicht huschen.

Außer Zeitschriften, Getränken, Bonbons, Erdnüssen und etlichen Schokoladensorten bot er einen beachtlichen Anteil an Lebensmitteln an, für die, die beim Einkauf in der Stadt etwas vergessen hatten und es bei ihm doppelt so teuer kaufen mussten, wie z. B. Suppen, Haarspray und Strumpfhosen. Er verkaufte Zwieback für die an Durchfall Erkrankten oder Hühnersuppe für den verdorbenen Magen. Auch das Zeitungssortiment war groß, darunter eine Menge Hefte mit barbusigen, lüstern blickenden Frauen auf dem Titelblatt. Das Geschäft mit diesen Blättern lief gut, der Bierverkauf boomte. Damals hatte kaum jemand einen Kasten Bier im Keller, da wurde das Bier flaschenweise an der Bude oder in einer Gaststätte gekauft. Über der Eistruhe war ein Regal mit Zigaretten angebracht. Direkt auf der vom Alter gezeichneten Truhe lagen unter einer

... und heute.

Kuchenhaube graue Mettbrötchen und warteten auf Käufer mit unempfindlichem Magen. Auch die danebenliegenden Frikadellen hatten schon bessere Tage gesehen. Auf der Theke vor dem Fenster standen zwei Gläser mit Fisch. In einem schwammen Bratrollmöpse, in dem anderen befanden sich grüne Heringe. Die Flüssigkeit war recht trüb. Zusammen mit einem Glas Gurken bildeten sie ein Trio. Traurig schwammen sie in dem alten Essigwasser und starrten Johannes jedes Mal an, als würden sie sagen: „Nun nimm mich doch endlich mit!"

Die Zeiten waren damals nicht die besten und so machte Johannes selten an der Bude Station, um sich etwas zu gönnen. Außerdem gab er sein Geld ungern dort aus und kaufte nur abgepackte Dinge wie Milky Way, Raider oder – wenn das Geld reichte – ein Mars. Oft freute er sich richtig auf den griesgrämigen Alten, wenn er in die Straße einbog, kurz bevor er die Bude passierte. Johannes machte sich über ihn lustig, weil das den tristen Schulweg auflockerte. Sein Freund und die beiden Mädchen blieben oft stehen und schauten zu, wie er seine Kunden bediente. Gern fragten sie ihn Löcher in den Bauch und verlangten Dinge, die er nicht im Sortiment hatte. Das machte ihn wütend. Gaby, Monika, Uwe und Johannes waren keine Kinder mehr, aber längst nicht erwachsen. Eines hatten sie mit den Kindern gemeinsam: Sie mochten den Mann nicht.

An einem ganz normalen Schultag ihres letzten Schuljahrs machten sich die vier müde und gelangweilt auf den langen Heimweg. Sie strotzten vor Übermut, hatten Kreide aus der Schule gestohlen und malten an Hauswänden und am Brückengeländer hin und wieder Zeichen nach Art der Gaunerzinken. Nach dem Überqueren der Autobahn erblickten sie ihre Bude. Sie mussten alle gleichzeitig schmunzeln. Allein der Gedanke an den Mann erheiterte sie.

Als sie sich dem Kiosk näherten, sah Johannes ihn hinter dem Tresen stehen, den König der Frikadellen und Mettbrötchen, den Mächtigen über Bonbons und Stieleis. Soeben fertigte er brüsk ein Kind ab und schloss wütend sein Fenster, um nach hinten in seine Gemächer zu verschwinden. Seine Wut schäumte über. Die Straße war in der Mittagszeit wie ausgestorben. Gaby und Monika nahmen die Kreide und schrieben in allerschönster Schrift auf die hellblauen Fliesen, direkt neben seiner Bude: „Hier nichts kaufen!“, „Alles viel zu teuer!“ und „Ekelige Bude!“ Jeder der kurzen Sätze passte genau in eines der Fliesenkästchen. Sie lachten und freuten sich über das gelungene Werk.

Zwanzig Meter weiter hatten sie ihn vergessen. Plötzlich hörten sie einen tiefen Schrei und drehten sich um. Da stand er, in voller Größe, in seinem weinroten Pullover, die krummen Beine in alter Hose, und rief: „Äihhh ... Kommt zurück, ihr ollen Blagen!“ Meint er etwa uns?, fragte Johannes sich. Waren sie olle Blagen? Es sah witzig aus, wie er in weiter Ferne mit seinen Armen ruderte und Drohgebärden von sich gab. Sie gingen weiter. Verstand er etwa keinen Spaß? Ein Lappen und weg war die Schrift. Für den Budenmann war die Sache jedoch längst nicht erledigt.

„Geschäftsschädigung“, schrie er und: „Ich werde euch alle verklagen!“ Der Alte setzte sich plötzlich in Bewegung und rannte in seinen Schlappen hinter ihnen her, schrie von „ruinieren“, was die Jugendlichen veranlasste, ebenfalls ihre Beine in die Hand zu nehmen und loszulaufen. Als er sich dem Quartett bedrohlich näherte, verschwanden sie in einer der Hauseinfahrten in der dunklen Straße und landeten auf einen finsteren Hof eines Altbaus. Hinten in diesem Haus befand sich eine niedrige, braune Holztür mit einer wackeligen Türklinke, die unverschlossen war. Hastig stürzten sie hinein und pressten sich in die Ecke des spärlich beleuchteten Hausflurs. Sie hofften, dass seine Wut inzwischen verraucht war und er bereits den Rückweg angetreten hatte.

Zur Sicherheit schoben sie einen in der Ecke liegenden Holzkeil unter die Tür. Die alte Holztür hatte im oberen Teil ein Fenster und sie starrten von der Seite darauf. Johannes ging davon aus, dass er sie nicht entdecken würde, sollte er sie tatsächlich noch suchen. Nach nur wenigen Sekunden erschien der Kopf des Budenmannes hinter der Glasscheibe. Ganz nah drückte er sein großflächiges Gesicht an die Scheibe, um in den Flur hineinsehen zu können. Seine Nase war groß und zerfurcht. Die graue Haartolle fiel ihm tief ins Gesicht. Aus seinem Mund rann Speichel. Durch die starken Brillengläser wirkten seine Augen riesig. In seinem Zorn verstand er keinen Spaß. Eine Entschuldigung wäre zu dem Zeitpunkt auf taube Ohren gestoßen. Er hatte ein Maul wie der Wolf aus dem Märchen von Rotkäppchen.

Reflexartig und fast zeitgleich stürzte die Truppe die ausgetretenen Holztreppen hinauf. Nur weg! Polternd rannten sie bis in den zweiten Stock des Treppenhauses hinauf und blieben im Zwischengeschoss am Flurfenster stehen. Plötzlich vernahmen sie ein lautes Knarren. Der unter die Tür geschobene Holzkeil gab nach, krachend flog die Haustür auf. Voller Panik riss Johannes die erstbeste Tür auf: eine Toilette im Treppenhaus, wie es üblich war. Sie stürzten in den kleinen Raum und verriegelten ihn. Johannes konnte seinen eigenen Herzschlag hören. Das Blut rauschte in seinen Ohren. Gaby, Monika und Uwe weinten leise. Es war fürchterlich eng in diesem übel riechenden Raum, der nicht einmal einen Quadratmeter groß war.

Ob sie aus dem kleinen Fenster nach Hilfe rufen sollten? Was würde er mit ihnen machen, wenn er sie entdeckte? Draußen, in einem der Gärten, jätete eine alte Frau Unkraut.

Über ihnen hing der alte Wasserspülkasten und plätscherte leise vor sich hin. An ihm baumelte eine Eisenkordel mit Holzgriff. Die schwarze Klobrille mit ihren Flecken hatte schon bessere Tage gesehen. Dicht gedrängt standen sie mit ihren Schultaschen um den unansehnlichen Klotopf. Sie wollten warten, bis der Budenmann sich verzogen hatte. Ewig konnte er seine Bude ja nicht alleine lassen. So leicht sollten sie den zornigen Mann jedoch nicht loswerden. Schimpfend lief er im Treppenhaus hoch und wieder herunter. Die alten Holztreppen knarrten unter seinem Gewicht. Wieso öffnete keiner der Hausbewohner die Wohnungstür und schaute nach, was vor sich ging? Sie zitterten in ihrem Versteck vor Angst und nur eine Frage beschäftigte sie: Was würde er mit ihnen machen, wenn er sie aufspürte? Mehrmals lief er an der Toilettentür vorbei, hinter der sie Rotz und Wasser schwitzten.
Geschlagene zwei Stunden verbrachten sie eng aneinander gedrückt in ihrem Versteck, bevor sie es wagten, leise die Tür zu öffnen. Im Geiste sah Johannes den Alten mit einer Knarre in der Ecke stehen. Zögernd stiegen sie die Treppen hinunter, öffneten vorsichtig die Tür zum Hof und rannten, nachdem sie ihn nicht mehr sahen, was das Zeug hielt. Nicht ein einziges Mal drehten sie sich um. Zwei Straßen weiter, auf der Hälfte des Weges, stand eine Bank, auf die sie sich erst einmal setzten, um zu verschnaufen. Bedrückt gingen sie anschließend nach Hause. Johannes musste sich eine Geschichte zurechtlegen, um seiner Mutter die zwei Stunden Verspätung plausibel zu machen.
Lange Zeit danach saß ihnen der Schreck in den Gliedern. Monatelang, bis zum Ende der Schulzeit, nahmen sie einen Riesenumweg in Kauf, nur um dem Budenmann nicht zu begegnen. Mit ihren Späßen waren sie von da ab vorsichtiger.

Drei Wochen Freizeit

Petra, 14 Jahre alt, stand vor der Diakoniestation in der Bergerhauser Straße in Essen und wartete darauf, dass es endlich losging. Drei Wochen Kirchenfreizeit für Kinder und Jugendliche in einem kleinen Örtchen im Siegerland. Geisweid-Niedersetzen war das Ziel. Eine große Firma, die dort ansässig war und Ersatzteile ins Ruhrgebiet lieferte, hatte den Kontakt zu diesem Kirchenheim hergestellt.

Ein wildes Geschnatter war um sie herum. Ihre Mutter unterhielt sich mit einer Nachbarin, die in der Straße gegenüber wohnte. Deren Tochter, ihre Schulfreundin, fuhr zu ihrer Freude mit. Plötzlich kam eine kreischende Alte, die mit ihrer Tochter soeben einem Auto entstiegen war, auf Petra zugerannt.

„Hey, dich kenne ich doch. Du wohnst bei uns in der Nähe, näh? Wir wohnen in der Neubausiedlung. Du kennst uns doch, oder?" Sie schob ihre Tochter, die ungefähr acht Jahre alt war, vor sich her. Ein schmales, unscheinbares Ding mit straßenköterblonden Spaghettilocken. Sie glotzte Petra aus riesigen blauen Augen ängstlich an.

„Ja, ja", sagte Petra nur, als sich ihre Mutter einschaltete, obwohl sie sich nur ungern aus der Unterhaltung mit der Nachbarin losriss.

„Ach, Frau Busch, Sie auch hier? Das ist ja eine Überraschung. Ich wusste ja gar nicht, dass Ihre Kleine auch mitfährt!" Übertrieben freundlich beschnatterten sich die Frauen.

„Ich ja auch nicht, Frau Krause. So ein Zufall aber auch!" Die Frau aus der Neubausiedlung hatte genauso große Wagenräderaugen wie ihre Tochter. Nachdem sie mit ihrer Mutter ein paar höfliche Floskeln ausgetauscht hatte, stürzte sie sich wieder auf Petra.

„Wirst du dich ein wenig um unsere Gisela kümmern? Kannst du das tun?“

„Aber die wird zu den Kindern in eine andere Gruppe kommen. Die ist doch viel jünger als ich. Ich bin schon fast fünfzehn!“ Um das zu demonstrieren, kaute Petra besonders wild auf ihrem Kaugummi herum und steckte die Hände in die Taschen ihres abgewetzten Bundeswehrparkas.

„Selbstverständlich wird sie das. Sie können sich darauf verlassen, Frau Busch“, mischte sich Petras Mutter ein.

„Werde ich nicht“, protestierte Petra. „Ich hab Ferien und will mich da erholen. Sabine und ich haben uns viel vorgenommen, da können wir diese Kröte nicht gebrauchen.“ Ihre Mutter schickte ihr einen Drohblick der höchsten Warnstufe.

„Weißt du?“ Die Tante aus der Neubausiedlung kroch ganz nah an ihr Gesicht. Sie roch nach Fleischwurst. „Es wäre wichtig, dass sie ihr blaues Sonntagskleid auch wirklich nur am Sonntag anzieht. Es hat einen Kragen und Perlenknöpfe auf der Brust. Wirst du darauf achten?“

Also, ihr war es echt egal, was diese Göre anzog. Auch wenn sie nackt durch die Gegend rennen würde, hätte sie kein Problem damit. So eine Spitzelei passte ihr eh nicht in den Kram.

„Natürlich wird sie darauf achten“, beruhigte ihre Mutter die Frau und sandte ihrer Tochter wieder böse Blicke, die an ihr abprallten.

Der Bus fuhr vor, ein heilloses Durcheinander entstand, bis alle ihre Koffer verstaut hatten und auf den Plätzen saßen. Rechts neben Petra saß Sabine und links neben ihr, nur durch den Gang getrennt, saß Gisela, das Blag mit den großen Augen. Es klopfte heftig an der Fensterscheibe und die Mutter von Kullerauge gestikulierte ihr wie einer Vollidiotin, dass sie das blaue Kleid wirklich nur am Sonntag anziehen sollte. Damit sie endlich

Reisebus Setra S 213 H. Busreisen waren in den 60er- und 70er-Jahren beliebt.

ihre Fratze von der Scheibe nahm, nickte sie genervt. Bloß weg hier, weg aus der Bergerhauser Straße, aus Essen und weg aus dem grauen Ruhrgebiet, dachte sie.

Kaum auf der Autobahn, wurden von einer sympathisch aussehenden Frau im mittleren Alter, die sich als die Ersatzmutti für die nächsten drei Wochen vorstellte, kleine lila Hefte verteilt. Ihre Helferin stimmte summend die Gitarre und die Leiterin, Frau Ullrich, befahl den Mädchen, Seite was weiß ich aufzuschlagen, um das Lied „Wenn die bunten Fahnen wehen" anzustimmen.

Hallo? Was sollte das denn? Petra hatte Urlaub. Sie wollte nicht singen. Zu spät. Der Busfahrer sowie zwei ältere Frauen, die hinter ihm saßen und als Köchinnen mitfuhren, stimmten das Lied an und sangen, kaum, dass die Gitarre erklang, munter drauflos. Fast alle Kinder und Jugendliche stimmten fröhlich mit ein. Klein Kullerauge war ganz verzückt und sang ebenfalls laut und erbarmungslos.

Es folgten Lieder wie „Ich habe Freude im Herzen" und „Danke", denn schließlich befanden sie sich auf einer christlichen Fahrt. Sie „dankten" singend für den guten Morgen, für alle gu-

ten Freunde – einschließlich Klein-Kullerauge –, für die Arbeitsstelle, die sie noch gar nicht hatten, für die Traurigkeiten, die in letzter Zeit an der Tagesordnung waren, und für vieles mehr.
Das kleine Kullerauge heftete sich an Petras Fersen. Bestimmt hatte ihre Mutti, um ihr den Abschiedsschmerz zu nehmen, zu ihr gesagt: „Pass mal auf, die kennst du, wenn was ist, halte dich an der.“ Bei dem Halt an einer Raststätte machte sie ihr unmissverständlich klar, dass sie bei ihr an der falschen Adresse war.
Irgendwann kamen sie an, in dem winzigen Örtchen Geisweid-Niedersetzen, wo es außer einem Bäckerladen und einer Kneipe nichts weiter gab. Der Bus fuhr einen Berg hinauf und hielt vor einer kleinen Kirche, die gleichzeitig die Freizeitstätte war. Über dem Kirchensaal befanden sich die Schlafräume und im Keller der Aufenthalts- und Speiseraum. Um das Kirchlein herum nur Wälder, Wiesen und Beschaulichkeit.
Klein-Kullerauge nächtigte zum Glück nicht gemeinsam mit Petra in einem Schlafsaal, sondern bezog den gegenüberliegenden Raum, ein dunkles Verlies, mit sieben Etagenbetten und Blick in den Wald. Petra dagegen hatte einen herrlichen Blick über den ganzen Ort bis zur nächsten Großstadt. Petra schlief selbstverständlich in dem Etagenbett oben. Fürs Bettenmachen wurden täglich Noten vergeben, die akribisch genau in ein Buch eingetragen wurden. Die beste Bettenmacherin sollte zum Schluss einen Preis bekommen. Petra war sehr traurig, da für sie von Anfang an feststand, dass sie leer ausgehen würde. Die Bettwäsche – die ollste daheim im Kleiderschrank – die ihre Mutter ihr mitgegeben hatte, wies ein bescheidenes Sträflingsmuster auf und war nur 1.30 Meter breit. Und eine Steppdecke mit einer Breite von 1.60 Meter in so einen Bezug glatt hineinzubekommen – war von vornherein zum Scheitern verurteilt. Doch sie hätte gar nicht drei Wochen lang wütend zu sein brauchen, denn als sie diesen „Preis“

für die beste Bettenmacherin zum Schluss sah – eine Tafel Schokolade – war sie froh, sich nicht täglich abgeschuftet zu haben.
Gleich am Ende des steilen Weges, der die Mädchen hinunter ins Dorf führte, gab es einen kombinierten Edeka-Bäckerladen, ein reizvoller Anziehungspunkt, um die eintönige Herbergskost ein wenig aufzupeppen, gesetzt den Fall, man hatte genug Bares. Oft fielen zehn Mädchen gleichzeitig ein und plünderten die Regale, um sich mit Gummibärchen, Schokoküssen, Raider und Milky Ways einzudecken. Das freute den dicklichen Bäckermeister, der sittenstrolchmäßig grinsend hinter seiner Backtheke vor Kasseler und Kornspitz stand und sie beobachtete. Obwohl er als Bäckermeister und Ladenbesitzer sicher einen harten Tag hatte, schien er genug Zeit für andere Dinge zu haben. So hatte er jede Menge Kinder jeder Altersstufe. Wie die Orgelpfeifen. Sie düsten durch den kleinen Ort oder lungerten im Laden herum.
Dachte Petra anfangs, in diesem Gotteshaus würde genau so ein strenges Regiment herrschen wie auf den Klassenfahrten, wie z. B. artig wandern bis zum Umfallen, sollte sie sich getäuscht haben. Die Leiterin Frau Ullrich probierte an ihnen wohl gerade einen neuen Erziehungsstil aus. Nach einer Art Laissez-faire ließ sie die Mädchen entscheiden, was sie tun wollten. Wie die Waltons-Mutter hatte sie stets ein offenes Ohr für ihre Sorgen.
Keine nicht enden wollenden Wanderungen, keine Gebets- und Singstunden, alles auf freiwilliger Basis. Traumhaft. Sogar das Wetter war ihnen hold. Sonnenschein und über 25°C im Schatten, fast die ganzen drei Wochen. Frau Ullrich ging mit den Mädchen öfters ins Freibad, einige Kilometer zu Fuß nach Buschhütten. Die Küchenfrauen packten Lunchpakete und versprachen für den Abend eine warme Mahlzeit.
Im Freibad schwärmte Petra ihren neuen Freundinnen vor, wie toll ihre erste Zigarette gewesen sei, die sie tags zuvor auf dem

Dorfplatz vor der Kneipe mit einigen einheimischen Blagen geraucht hätte. Ein Gefühl von Freiheit sei es gewesen, wie Schweben, nur viel schöner. Dass ihr nach den ersten Lungenzügen speiübel und schwindelig geworden war, verschwieg sie. Nun wollten die anderen diesen Zustand auch erleben. So kauften sie sich am Kiosk der Badeanstalt eine Packung Peter Stuyvesant und schlossen sich in einer Duschkabine ein, um den Duft der großen weiten Welt zu genießen. Die Freude dauerte nicht lange, denn es donnerte wenig später gegen die Metalltür und der Bademeister befahl ihnen, sofort zu öffnen. Sie hatten vergessen, dass die Duschkabine unten und oben offen war und sie an dem Duft der großen weiten Welt auch andere teilhaben ließen. Kurz und gut, er machte sie zur Schnecke und meldete es der Leiterin. Geknickt saßen sie auf ihrer Decke und warteten auf die Abreibung. Frau Ullrich kam lässig auf sie zu, setzte sich neckisch in ihrem knappen Bikini zu ihnen und fragte gütig lächelnd, wieso sie das ausgerechnet in der öffentlichen Dusche getan hätte, wo es jeder sehen konnte. Sie sollten sich nicht noch einmal dabei erwischen lassen, riet sie ihnen, als die Mädchen mit den Schultern zuckten. Keine Strafe, nicht ohne Essen ins Bett, nichts. Verständnis pur. Petra konnte es nicht glauben. Ab sofort qualmten sie den Talar des Pfarrers in der Sakristei ihrer Herberge voll oder suchten den Dorfplatz auf, wenn die „Großen“ nach dem Abendessen Ausgang hatten.

Der Dorfplatz vor der Kneipe bestand aus zwei Bänken, gestiftet von der Kreissparkasse Geisweid, einem Abfalleimer und einer winzigen Trauerweide. Drei Mädels aus dem Ort leisteten ihnen Gesellschaft. Eine war die Tochter des Kneipenwirtes, eine wurde nur „die Engländerin“ genannt, weil sie im vorigen Sommer an einem Schüleraustausch teilgenommen hatte, der sie für vier Wochen ins ferne England katapultiert hatte.

Das Highlight dieser Treffen waren die verbotene Zigarette und Wolfgang, der mit hochrotem Kopf, verwehtem Blondschopf und seiner nagelneuen Kreidler allabendlich angeknattert kam, zwei Runden um besagten Dorfplatz drehte, anhielt und lässig von seiner Maschine stieg. Wolfgang war sechzehn und wohnte in Buschhütten. Er fuhr abends nur so durch die Gegend, um in den umliegenden Dörfern nach Weibern Ausschau zu halten, wie er ihnen in Siegerländer Platt mitteilte. Und in der Kirche wohnten im Sommer nette Mädchen, wusste er, verteilte Zigaretten und taxierte sie ab. Sie schmolzen dahin, wenn er ihnen ein Lächeln schenkte, neckisch mit dem Auge zwinkerte oder ihnen einen Kussmund zuwarf. Den ganzen Tag lang, ob im Freibad, im Wald oder im Pfarrgarten, freuten sie sich auf den Abend. Darauf, dass Wolfgang mit seiner Kreidler um die Ecke bog. Seine Wahl fiel schlussendlich auf Sabine, klein und blond. Manchmal, wenn es zu heiß war, hingen sie einfach nur ab. Petra trug stolz ihr neues „Strandkleid“, ein buntes Riesenfrotteebadehandtuch mit Reißverschluss, von Mutti selbst genäht, und räkelte sich im Liegestuhl aus orangefarbigem Plastikgeflecht. Gern beobachtete sie dabei das eigenartige Verhalten der vier Kinder aus einem Waisenhaus, die zu der jüngeren Gruppe der Mitreisenden gehörten. Eine kleine Schmächtige mit Schüppchennase war dabei, die für sich allein spielte und jeden vergraulte, der sie ansprach. Sie spannte sich ein Twistgummi zwischen zwei Pfählen vor der Kircheneingangstür und sang, während sie wie ein Flummi dazwischen auf- und absprang, lautstark, so richtig schön falsch: „Decilia you’re breaking my heart, you’re shaking my confidence daily, oh Decilia I’m down on my knees, I‘m begging you please to come home ...“ Sie meinte natürlich den Hit „Cecilia“ von Simon and Garfunkel.
Das Kullerauge aus Petras Nachbarschaft hatte sich eingelebt.

Sie trug fast täglich ihr blaues Sonntagskleid und grinste sie frech an, wenn sie ihr begegnete. Die Perlmuttknöpfe auf der Brust, die Zierde des Kleides, wurden täglich weniger.
Ungefähr zur Hälfte der Freizeit verkündete Frau Ullrich beim Mittagessen, dass ein Sohn des Bäckermeisters Geburtstag habe und sie deshalb alle am Abend eingeladen seien. Lautstarker Jubel brach aus. Von der Einladung eines Mercedes fahrenden Bäckermeisters hatte Petra gewisse Vorstellungen. Vielleicht ein kaltes Büfett oder zumindest Kartoffelsalat mit Würstchen. Lampions und bunte Tische im Garten hinter des Bäckermeisters Haus. Die Wirklichkeit sah anders aus. Sie mussten auf dem Boden der gepflasterten Garagenauffahrt hocken, bekamen jeder ein Hefeplätzchen und durften den Akkordeonklängen des Bäckermeisters lauschen, der breitbeinig an die Wand gelehnt saß und grinste. Mundorgellieder vom Allerfeinsten gab er zum Besten, das volle Programm. Und dafür opferte sie ihr allabendliches Dorfplatz-Tète-a-Tète?
Einen Tag später war die vollbusige Lolita, ein frühreifes Ding, das die ganze Gruppe verrückt gemacht und das Gruppenleben enorm gestört hatte, verschwunden. Jedoch nicht ohne in den Schränken der anderen Mädchen nach Bargeld gesucht zu haben. Bei Petra war nichts mehr zu holen gewesen, sie war pleite. Als die anderen weinend vor ihren leeren Börsen standen, streichelte sie grinsend ihren neuen Steiff-Wellensittich.
Als die Leiterin beim Wecken das Verschwinden des Mädchens verkündete, saß diese bereits daheim am Frühstückstisch. Um vier Uhr morgens hatte sie ein Lastwagenfahrer der nahegelegenen Chemiefabrik, der ins Ruhrgebiet fuhr, mitgenommen und später abgesetzt.
Am letzten Tag vor der Heimreise kam der wackelige Hausarzt aus dem Ort – Hofrat Seeburger für Arme – und schlepp-

te taumelnd seine sperrige alte Waage in den Keller, um den Erfolg der Freizeit zu dokumentieren. Zu Anfang war er schon mal da gewesen, hatte alle gewogen und gemessen und mit einem maroden Stethoskop schnaufend abgehört. Als Petra an der Reihe war, schüttelte er mit dem Kopf und meinte: „Tja, du hast zwei Kilo zugenommen. Du warst ja eh schon zu dick."

Nur ungern packten alle ihre Koffer. Als der Bus aus dem kleinen Ort fuhr, blickte Petra zurück und konnte nur noch die winzige Kirchturmspitze der Herberge keck aus dem dichten Wald hervorlugen sehen. Schade, dass die drei Wochen um waren, fand sie. Während der Fahrt ließ sie die Freizeit Revue passieren. Sie dachte an die Busfahrt, die sie drei Orte weiter zu einer Kirmes gebracht hatte. Fünf Mädchen mit Frau Ullrichs Helferin. Was für ein aufregender Nachmittag! Den netten Küster sah sie vor sich, der ihnen nie einen Wunsch abschlagen konnte und stets zur Stelle war, wenn man ihn brauchte. Ja, und an Frau Ullrich dachte sie. Welch grenzenloses Vertrauen und Verständnis sie ihnen drei Wochen lang entgegengebracht hatte!

Wie schnell der graue Alltag sie einholte, merkte sie kaum zwei Stunden später, als der Bus hielt. Das standen sie, ihre Eltern, Sabines Mutter und die Mutti von Kullerauge, die sich sofort auf Petra stürzte, als sich zischend die Tür öffnete. Jetzt kommt sie mir wieder mit dem bescheuerten blauen Kleid und fragt mich, ob ihre Gisela es wirklich nur am Sonntag getragen hatte, dachte Petra. Und richtig, die Worte sprudelten nur so aus ihrem Mund. „Hasste schön auf unsere Gisela aufgepasst? Hattse das blaue Kleid auch wirklich nur sonntags angezogen?" Sie zuckte nur mit den Schultern. Es war ihr egal!

Tanz im Schloss Lembeck

Am Rande des Ruhrgebiets, fast am Beginn des Münsterlandes, findet man in idyllischer Lage das Wasserschloss Lembeck. Wunderschön anzusehen, zwischen weiten, grünen Feldern, Waldabschnitten und sich endlos dahinschlängelnden Landstraßen, auf denen man hin und wieder an einem Jesus-Kreuz vorbeifährt. 1975 wurde Lembeck der Stadt Dorsten zugesprochen, die zum Ruhrgebiet gehört. Im Jahre 1017 wurde Schloss Lembeck erstmals urkundlich erwähnt. Mit Adolf von Lembeck 1177 und 1184 fiel das Geschlecht einer Familie gleichen Namens in den Urkunden des Bischofs von Münster auf. Das männliche Geschlecht erlosch mit Johann von Lembeck im Jahre 1526.

Inmitten der Waldgebiete liegt das Wasserschloss da wie ein Märchenschloss. Eines der schönsten und besterhaltenen Wasserschlösser in NRW. Das Portal der Vorburg, das gleichzeitig als Brücke dient, ist mit Figuren und Reliefs verziert. Am Eingang muss man seinen Obolus zur Erhaltung des Bauwerks errichten, um das dreigeschossige Herrenhaus mit den liebevoll gestalteten Innenräumen sowie die zahlreichen Gärten zu besichtigen. Letzteres lohnt sich besonders zur Blütezeit der Rhododendren. Die sind von derartiger Schönheit, dass in den Frühjahrsmonaten das Eintrittsgeld mal eben erhöht wird. Ein Besuch auf Schloss Lembeck kann tagfüllend sein. Beim Anblick der herrschaftlichen Gemälde des tollen Festsaals und der des Himmelbetts im Schlafzimmer mag der ein oder andere ins Träumen kommen. Die Besucher stehen lange Zeit an und es staut sich manchmal sogar in den Gängen.

Direkt vor den Toren des Schlosses lädt das Café am Schloss zu Speis und Trank ein. Ein traumhaft verwunschener Garten lässt den Alltagsstress vergessen. Im Schloss selbst kann man

eine Hochzeit feiern oder ein Firmenjubiläum sowie einen Geburtstag. Eine anschließende Übernachtung ist möglich. Wer ein prachtvolles Ambiente liebt, ist hier bestens aufgehoben.
Viele Jahre lang führten Ursula und Josef Selting das Schloss-Restaurant und das Hotel sowie die legendäre Schloss-Diskothek im einzigartigen Kellergewölbe. Sie galt in den 1970er-Jahren als Kultdisko im Dorstener Raum und zog junge Menschen von überall im Ruhrgebiet an. Die sehenswerte Eingangstür befand sich gegenüber dem alten Restaurant. Eine eher unscheinbare Tür, die in das Reich führte, das so viele Menschen glücklich gemacht hat. Wenigstens für ein paar Stunden.
Bereits wenn man auf den Parkplatz fuhr, der sich rechts neben dem Schloss befand, reihte man sich zwischen vielen teils noblen Fahrzeugen ein, um sich anschließend ins Vergnügen zu stürzen. KFZ-Kennzeichen von überall konnte man entdecken. Die Musik hatte in dem riesigen Gewölbekeller einen ganz besonderen Klang. Die Tanzwütigen waren kaum zu halten und schwangen die Hüften oft die ganze Nacht hindurch. Hits wie „Fox on the Run“ von The Sweet, „Shame, Shame, Shame“ von Shirley und Company und „Paloma Blanca“ von Georg Baker Selektion waren damals in. Die Plätze an der langen Theke waren begrenzt und so standen die meisten Gäste dicht gedrängt dahinter, redeten sich um Kopf und Kragen und bemühten sich, eine Bekanntschaft zu machen. Apfelkorn und Persico trank man ebenso gerne wie Asbach-Cola und Lumumba. Da richtete man sich ganz nach der Barschaft.
Ja, dann war ja da noch die Fahrt nach Hause mit dem Auto und eigentlich sollte man bei Fanta oder Cola geblieben sein. So manches Pärchen fand sich an so einem Wochenende, wenn auch nur für eine Nacht oder für ein paar Küsse im Auto wieder. Nicht nur die Kasse der Betreiber klingelte. Der Ort Lembeck

Schloss Lembeck.

profitierte ebenfalls. Die Schlossdisko wurde zum Kult. Aber mit der steigenden Besucherzahl begann leider so mancher Ärger. Alkohol vertrug nicht jeder und so manchen musste man aus dem Schlossgraben ziehen, einige mehr tot als lebendig. Weitere Zwischenfälle gab es auf dem recht abgelegenen Parkplatz zur Genüge. Aufgebrochene Autos, verbunden mit Diebstahl. Frauen wurden belästigt. Eine junge Frau wurde z. B. von einer angeblichen Dame angesprochen, ob sie ihr wohl aus der engen Parklücke helfen könnte. Beim Näherkommen sah sie die Hände dieser großen Person, die keineswegs Frauenhände waren. Ebenso ließ der schlaksige Gang auf einen Mann schließen. Dunkle Augen, die unter einem Hut lagen, starrten sie an. Als dieser lange Mensch merkte, dass die junge Frau wohl Lunte gerochen hatte, wartete er erst einmal ab. Die Angesprochene setzte sich schnell in ihr Auto, verschloss es und fuhr eiligst vom Parkplatz. Mit Schrecken machte sich die junge Frau klar, dass aus der offen stehenden Tasche, die diese angebliche Dame mit den groben Männerhänden an sich gepresst hatte, ein Hammerstil herausragte. Was ihr wohl erspart geblieben war?

1988 wurden das Kellergewölbe und die Disco aufwendig renoviert, da hatte sie die besten Jahre hinter sich. Nicht wenige der Gäste mieden die Toiletten und verrichteten ihr Geschäft, ob klein oder groß, an den historischen Mauern oder unter Büschen. Gerne entleerte man seinen Magen, wenn man zu viel getrunken hatte. Die Gärtner hatten am nächsten Tag ihre Freude. Nach weiteren Schnapsleichen im Wassergraben, die die Enten- und Vogelschar verschreckten, beschloss man Anfang der 1990er-Jahre die Diskothek zu schließen.

Frühschoppen im Pott

Der Frühschoppen ist bis heute deutsches Kulturgut und gehörte im Ruhrgebiet der 60er- und 70er-Jahre für viele Männer selbstverständlich zum Kumpel-Leben dazu. Inzwischen ist der Frühschoppen fast ausgestorben, weil es kaum noch normale Eckkneipen gibt und die Männer das Geld für andere Dinge ausgeben. Früher war der Frühschoppen die beste Ausrede, um bereits am Morgen Alkohol zu trinken und sich mit anderen Kerlen zu treffen, ohne dass die Ehefrau groß gemeckert hätte. Das war halt so.

Wenn der Vater sonntags mal wieder die Zeit vergessen hatte, wurde der achtjährige Matthias von der Mutter losgeschickt, um ihn abzuholen. Er kannte das schon. Es waren eben andere Zeiten. Auf seinem Tretroller ging es ab zum Borsigplatz in Dortmund, in Papas Stammkneipe. Er mochte diese Kneipenatmosphäre, die laut bollernden Männer, die den großen Kerl markierten und zu Hause ganz klein mit Hut waren. Eine typische Ruhrgebietskneipe eben. Den Geruch nach Klostein, Tabak und Alkohol mochte er weniger. Der bis dahin gut gelaunte Vater

spendierte seinem Sohn eine Sinalco und gab ihm 20 Pfennig für den Erdnussautomaten. Matthias hatte der Mutter versprochen, in spätestens 30 Minuten wieder zu Hause zu sein. Mit dem Vater im Schlepptau, versteht sich.
Die Ausstattung in der dunklen holzvertäfelten Kneipe war spartanisch. Eine kleine Theke mit Zapfhahn, davor wackelige Hocker, Holztische und Stühle. An der Wand der obligatorische Sparkasten der Sparkasse und der Geldspielautomat, der die urigsten Töne von sich gab. Matthias schaute gerne zu, wenn die angetrunkenen Typen ihr Geld darin verschwinden ließen. Die wenigsten erzielten einen Gewinn, gaben aber trotzdem die Hoffnung nicht auf.
Die Jukebox ließ für 20 Pfennig den Lieblingshit erklingen. Gerade lief der Song von Jürgen Drews „Ein Bett im Kornfeld". In den Ecken und auf den Fensterbänken stand jede Menge Deko in Form von verstaubten Töpfen mit Clivien, die noch aufrecht standen, wenn man sie einen Monat lang nicht goss. An den Wänden Bilder von komisch aussehenden Männern und Zechen sowie bunte Wimpel. Eine große Fahne des ortsansässigen Fußballclubs ragte in den Raum hinein. Alles muffig, jedoch irgendwie gemütlich. Der Vater schien es zu lieben. Wäre er sonst so gerne hier? Fast nur Männer waren anwesend. Männer in Anzügen, die direkt nach dem Gottesdienst in der Kirche zur Kneipe eilten und sich unterwegs beleckten, wenn sie an das kühle Blonde dachten, das ihnen gleich serviert werden würde. Männer in Bergmannstracht waren zu Gast und hauten ordentlich auf den Putz. Die Kordhosenmänner tranken ebenfalls Bier, dazu Korn.
Die vollbusige Wirtin, die einzige Frau im Raum, die etwas zu sagen hatte, freute sich, lachte und ließ sich auch schon mal auf den Hintern hauen, da es den Umsatz förderte. Gehörte alles zum Geschäft. Manche Kerle warfen Dartpfeile, knobelten oder spielten Karten. Eins hatten sie gemeinsam: Sie redeten laut

Kneipenleben in den 70er-Jahren.

und erbarmungslos dummes Zeug. Die anwesenden Taubenväter unterhielten sich mit vor Stolz geschwollener Brust über ihre Ruhrpottflamingos.

Matthias hatte den Vater bereits mehrmals am Hosenbein gezogen und ihn daran erinnert, dass Mutti die Rouladen auf den Tisch gebracht hatte und wartete. Beim dritten Mal und der zweiten Sinalco wurde der kleine Junge lauter und ranzte den Vater an: „Nun komm schon. Essen wird kalt.“ Die Anwesenden lachten.

„Ja, ich komme ja schon. Noch ein Bier. Kriegst auch noch ’ne Limo.“ An die vollbusige Wirtin gewandt: „Schreibst auf meinen Deckel, Sabine. Bin im Moment ein wenig klamm.“

Der kleine Matthias grinste. Er war ständig klamm und ließ anschreiben. Gab es endlich Lohn, konnte er seine Rechnung bezahlen, um dann kurz darauf wieder anschreiben zu lassen, da er pleite war. Komische Eltern habe ich, dachte Matthias. Mutti lässt beim Metzger und beim Bäcker anschreiben. Wieso teilten sie sich ihr Geld nicht besser ein? Gab es alle 14 Tage den Lohn ausgezahlt, standen die Hausfrauen am Zechentor. um ihren Kerl mit dem Geld abzuholen und nach Hause zu geleiten. Zu groß war die Angst, er könnte einen Abstecher in die nahe gelegene Kneipe machen und einen Teil seines Lohns vertrinken. Matthias kroch auf den Hocker, der neben seinem Vater stand. Sein Blick fiel auf den Teller mit den Frikadellen, der genau vor ihm stand, und das Glas mit den komischen Eiern. So ein olles Zeug, dachte er. Als die blonde Wirtin ihm eine blasse Frikadelle schenken wollte, lehnte er dankend ab. Muttis Rouladen schmeckten besser als diese Räucherkugeln. Dafür schob sich der Vater so ein Solei komplett in den Mund und goss ordentlich vom Bier darauf. Seinen Sohn nahm er mittlerweile gar nicht mehr wahr. Matthias hatte Narrenfreiheit und die Mutter samt Essen war vergessen.

Kurz darauf merkte Matthias, dass die Sinalco-Fläschchen raus wollten. So suchte er die Toilette auf und ging durch den großen Saal, um die miefige Räumlichkeit aufzusuchen. Der Gestank war wirklich übel. Wer machte so etwas? Matthias erledigte, was zu erledigen war, und ging zu seinem Vater.

„Na komm, mein Junge, ab nach Hause zur Mutti." Schwankend, den Jungen an seiner Seite, verließ er die Kneipe. „Nächste Woche kannste mich wieder abholen. Da ist Kaninchenausstellung. Ob unser Moppel einen Preis holt?"

Der Vater nahm den Jungen auf seine Schultern, schnappte sich den Roller und die beiden steuerten ihr Zuhause drei Straßen weiter an.

Daheim gab es das wöchentliche Donnerwetter, weil das Essen verkocht war und die Mutter sich mit Tränen in den Augen die Entschuldigungen ihres Mannes anhören konnte. Sie wusste, wie der Sonntag enden würde. Nachdem er sich das Essen hineingeschaufelt hatte, würde er entweder alles erbrechen oder sich aufs Sofa legen, um den Nachmittag schnarchend zu verbringen, während die Mutter zum Friedhof lief, den Toten einen Besuch abzustatten. Frühschoppen, so etwas Blödes!

Weitere Bücher aus der Region

Unheimlich weihnachtlich!
Böse Geschichten
aus dem Ruhrgebiet
Margit Kruse
80 Seiten
ISBN 978-3-8313-3012-6

Dunkle Geschichten
aus dem Ruhrgebiet
SCHÖN & SCHAURIG
Margit Kruse
80 Seiten, schw./W.-Fotos
ISBN 978-3-8313-2979-3

Unsere Glücksmomente
Geschichten aus dem Ruhrgebiet
Monika Detering
80 Seiten
ISBN 978-3-8313-3333-2

Unser Ruhrgebiet
Das Rätselbuch
Wolfgang Berke,
Ursula Herrmann
64 Seiten, zahlr. Farbfotos
ISBN 978-3-8313-3335-6

Wartberg-Verlag GmbH
Im Wiesental 1 34281 Gudensberg
www.wartberg-verlag.de

Bücher für Deutschlands Städte und Regionen
Tel. 0 56 03 - 93 05 0
Fax. 0 56 03 - 93 05 28